MW01634926

COLLECTION FOLIO

Jack London

Une odyssée du Grand Nord (Unga)

précédé de

Le Silence Blanc

Traduit de l'américain par Georges Berton

Traduction révisée par Isabelle St Martin

Gallimard

Ces nouvelles sont extraites du recueil *Le Fils du Loup et autres nouvelles du Grand Nord* (Folio Bilingue n° 144).

Jack London eut une vie mouvementée, hors du commun, digne de ses plus grands romans d'aventures.

Tout commence en janvier 1876 à San Francisco, ville natale de Jack London, de son vrai nom John Griffith. Sa mère, Flora Wellman, abandonnée par son amant qui ne souhaite pas reconnaître le nouveau-né, se retrouve seule sans un sou. Quelques mois plus tard, elle épouse John London, qui décide d'endosser le rôle de père et d'assumer pleinement ses nouvelles responsabilités. Et de façon qu'il n'y ait pas de confusion, on rebaptise l'enfant Jack. Son enfance se déroule dans la misère et la marginalité ; il survit grâce à mille petites occupations. Il travaille à la fabrique de conserves, se fait pilleur d'huîtres, avant d'être engagé par une patrouille de pêche chargée d'arrêter les délinquants... Mais surtout, il se découvre à cette période une passion pour la lecture. En 1893, il embarque à bord d'un bateau pour aller chasser le phoque près des côtes japonaises. Ce voyage lui inspirera son premier récit, *Un typhon au large du Japon*, couronné par le prix de la rédaction d'un journal de San Francisco, *Call*. Puis se succèdent plusieurs années d'errance. Il parcourt les États-Unis et remonte jusqu'au Canada où il sera incarcéré pour vagabondage. C'est à cette période qu'il adhère au parti socialiste. Quelques mois après son admission à l'université de Berkeley, il abandonne ses études pour participer à une nouvelle grande aventure : la ruée vers l'or. Cette expérience riche et unique est une source d'inspiration privilégiée et l'amène à écrire son premier roman, *Le Fils du Loup*, publié en 1900. Ayant accès à une certaine notoriété, il décide de vivre de sa plume. De retour aux États-Unis, il se marie avec Elisabeth Maddern, avec qui il aura deux filles. Mais l'appel du grand large est plus fort, et, en 1902, il part pour Londres. Terrassé par la vision de cette société où la misère sociale est partout, il décide de partager durant trois mois le quotidien de travailleurs pauvres et de chômeurs sans logis. *Le peuple de l'abîme* exprime l'extrême révolte de Jack London. L'année suivante, il publie son célèbre *Appel de la forêt*, qui connaît un succès foudroyant. Une fois son divorce prononcé, il se remarie avec Charmian Kitterege. En 1905, il est correspondant de guerre en Corée mais se fait très rapidement expulser par les Japonais. Il publie *La guerre des classes*, témoignage de son fervent engagement en faveur des idées socialistes ; et, dans un tout autre genre, *Croc-Blanc*, où le monde animal et la nature sont une fois encore au cœur de sa réflexion littéraire. En 1907, il se construit un bateau et entreprend de faire le tour du monde. Mais il n'ira pas plus loin que l'Australie : atteint d'une maladie tropicale, il rentre pour se faire soigner. Tout n'est pourtant pas perdu, il rapporte de ce fabuleux voyage de nouveaux récits saisissants.

Jack London a publié de son vivant plus de cinquante ouvrages, traduits dans le monde entier. Devenu riche et célèbre, il meurt en 1916 à l'âge de quarante ans, dans des conditions mystérieuses, peut-être d'une overdose de médicaments, et laisse derrière lui une œuvre d'une grande humanité qui crie sa révolte contre la société et les préjugés.

Découvrez, lisez ou relisez les livres de Jack London dans la collection Folio :

L'AMOUR DE LA VIE (Folio n° 2747)

L'APPEL DE LA FORÊT/*THE CALL OF THE WILD* (Folio Bilingue n° 65)

LA PISTE DES SOLEILS *et autres nouvelles* (Folio 2 € n° 4320)

LOUP BRUN (Folioplus classiques n° 210)

Le Silence Blanc

« Carmen n'en a pas pour trois jours ! » Mason cracha un morceau de glace en posant un regard sombre sur la pauvre bête, puis lui reprit la patte entre ses dents pour continuer d'arracher les paquets de neige qui se collaient cruellement entre ses griffes.

« Ces chiens avec leurs noms prétentieux, ça ne vaut pas un clou ! dit-il en repoussant l'animal, sa tâche achevée. Ça ne tient pas le choc pour une telle responsabilité. Alors qu'on n'en a jamais vu mal tourner avec des noms normaux comme Cassiar, Siwash ou Husky. Ça non ! Tiens, Shookum, là, c'est… »

Clac ! La chienne efflanquée jaillit, ses dents blanches manquant de peu la gorge de Mason.

« Ah ! tu la veux, celle-là ? » D'un adroit coup du manche du fouet asséné derrière l'oreille, il étendit dans la neige l'animal qui se mit à haleter doucement, les crocs dégoulinant d'une bave jaune.

« Comme je disais, regarde Shookum — celui-là, il en veut ! Je te parie qu'il aura mangé Carmen avant la fin de la semaine.

— Et moi je te parie autre chose, répliqua Malemute Kid en retournant le pain gelé qu'il présentait à la flamme. On aura mangé Shookum avant la fin du voyage. Qu'est-ce que tu en dis, Ruth ? »

Tout en diluant un glaçon dans le café, l'Indienne jeta un coup d'œil successivement sur Malemute Kid et son époux, puis sur les chiens, sans se donner la peine de répondre tant la chose semblait aller de soi. Trois cent vingt kilomètres de piste vierge, avec à peine six jours de vivres pour eux et rien pour les bêtes, ils n'auraient pas le choix. Groupés autour du feu, les deux hommes et la femme entamèrent leur maigre repas. Les chiens restaient harnachés car c'était la halte de midi, et jetaient des regards d'envie sur chaque bouchée.

« Plus de déjeuner à partir de demain, décréta Malemute Kid. Il faudra garder un œil sur les chiens — ils deviennent méchants. Ils auraient vite fait d'occire l'un des leurs si l'occasion s'en présentait.

— Quand je pense que j'ai été président d'un centre méthodiste d'Epworth et que j'enseignais le catéchisme le dimanche ! » Sur cette révélation hors de propos, Mason s'abîma rêveusement dans la contemplation de ses mocassins fumants mais fut ramené à la réalité par Ruth qui lui remplissait sa tasse. « Dieu merci, nous avons plein de thé ! Je le voyais pousser dans le Tennessee. Qu'est-ce que je donnerais pour un pain de maïs bien chaud en ce moment ! Ne t'inquiète pas, Ruth ; tu n'en as plus pour longtemps à crever la faim, ni à porter des mocassins, d'ailleurs. »

À ces mots, celle-ci se dérida et dans ses yeux passa une lueur d'amour pour son époux blanc — le premier homme blanc qu'elle ait jamais rencontré —, le premier qu'elle ait vu traiter une femme mieux qu'un animal ou qu'une bête de somme.

« Oui, Ruth », continua-t-il. Il devait avoir recours au jargon macaronique qui seul leur permettait de se comprendre : « Attends qu'on règle histoires et qu'on parte vers monde Extérieur. On prendra canoë Homme blanc et on ira vers Salt Water. Oui, mauvaise eau, méchante — hautes montagnes montent et descendent tout le temps. C'est si grand, si loin, très loin — dix journées, vingt journées, quarante journées » (il comptait sur ses doigts pour soutenir son discours). « Tout le temps eau, mauvaise eau. Et puis on arrive dans grand village. Plein de gens, comme moustiques l'été. Wigwams oh, très hauts — dix, vingt sapins. You-hou skookum ! »

À bout d'arguments, il se tut, jeta un regard implorant à Malemute Kid puis entreprit, dans une mimique laborieuse, de monter l'un sur l'autre les vingt pins pour tenter de se faire comprendre. Ce qui lui valut de joyeux sarcasmes de Malemute Kid ; mais Ruth écarquillait des yeux incrédules et ravis ; car elle se demandait s'il ne plaisantait pas un peu, cependant que tant de bienveillance éblouissait son pauvre cœur de femme.

« Alors tu entres dans une… une boîte, et pouf ! te voilà partie. » Il lança sa tasse vide en l'air pour illustrer son propos et, tout en la rattrapant adroitement, s'écria : « Et pif ! Tu arrives. Oh, grands hommes-médecine ! Tu vas Fort Yukon. Moi je pars Arctic City — vingt-cinq journées — grand fil, tout le long. J'attrape fil — je dis : “Allô, Ruth ? Comme ça va ?” Et tu dis : “C'est mon cher mari ?” Et moi : “Oui” — et tu dis : “Pas pouvoir cuire bon pain, plus de levure” — alors je dis : “Regarde dans cachette, sous farine, au revoir.” Tu regardes et tu trouves plein de levure, alors que toi Yukon et moi Arctic City. You-hou homme-médecine ! »

Ruth sourit avec une telle candeur à cette belle histoire que les deux hommes éclatèrent de rire. Une bagarre entre les chiens rompit le charme du monde Extérieur et, le temps qu'on sépare les hargneux combattants, Ruth arrima les traîneaux et tout fut prêt pour le départ.

« Mush ! Baldy ! Hue ! En route ! » Mason fit vivement claquer son fouet et, comme les chiens geignaient sous le harnais, il dégagea son traîneau en actionnant sa barre de direction. Ruth suivait avec le deuxième attelage, laissant Malemute Kid, qui l'avait aidée à se mettre en route, fermer la marche avec le troisième. Ce fruste colosse, capable d'assommer un bœuf d'un coup de poing, ne supportait pas qu'on batte les pauvres animaux, et les traitait au contraire avec des égards plutôt rares chez les conducteurs de traîneau — pour un peu il pleurait avec eux dans leur détresse.

« Allez, en avant, même si ça fait mal aux pattes, pauvres bêtes ! » murmura-t-il après plusieurs tentatives infructueuses pour lancer son équipage. Sa patience fut enfin récompensée et, malgré leurs plaintes de douleur, ils se hâtèrent de rejoindre leurs congénères.

Plus de conversation ; la rude tâche de la piste n'autorise guère ce genre de fantaisie. Or la route du Grand Nord est une tâche écrasante entre toutes. Heureux celui qui parvient à couvrir une journée de trajet, au prix du silence, sur une piste déjà tracée.

Et de toutes les tâches les plus exténuantes, aucune ne l'est davantage que d'ouvrir une piste. À chaque pas on enfonce la grande raquette dans la neige jusqu'au genou. Il faut ensuite l'extraire, bien droite, car toute déviation de quelques centimètres provoquerait à coup sûr une catastrophe, jusqu'à ce que la surface en soit bien dégagée ; puis repartir, lever l'autre pied perpendiculairement, d'à peu près cinquante centimètres. Celui qui essaie pour la première fois, quand bien même il évite de rapprocher dangereusement ses pieds pour ne pas tomber de tout son long sur ce terrain trompeur, abandonnera épuisé au bout de cent mètres ; celui qui parvient à esquiver les chiens une journée entière peut bien se glisser dans son sac de couchage avec bonne conscience et une fierté qui passe l'entendement ; et celui qui voyage vingt journées sur la Longue Piste est un homme envié des dieux mêmes.

L'après-midi s'écoula ; en proie à cette stupeur née du Silence Blanc, les voyageurs muets poursuivaient leur chemin. La nature dispose de mille moyens pour rappeler à l'homme qu'il est mortel — le flux incessant des marées, le déchaînement des tempêtes, la violence des tremblements de terre, le feu roulant de la bombarde céleste —, mais le plus terrible, le plus hallucinant demeure cette phase inerte du Silence Blanc. Tout mouvement cesse, le ciel s'éclaircit et se pare de tons cuivrés ; le moindre murmure devient sacrilège, l'homme perd tout courage et s'effraie du son de sa propre voix. Seule étincelle de vie mouvante parmi ces étendues désolées, il tremble de son audace, se rend compte qu'il n'est rien de plus qu'un ver de terre. D'étranges pensées l'envahissent soudain et le mystère de toute chose tend à s'exprimer. La peur de la mort, de Dieu, de l'univers s'empare de lui — l'espérance de la Résurrection et de la Vie éternelle, le désir d'immortalité, la vaine lutte de son essence emprisonnée —, c'est alors, à cet instant ou jamais, que l'homme marche seul avec Dieu.

Ainsi passa le jour. Le fleuve décrivait une vaste courbe et Mason décida d'emprunter un raccourci à travers une étroite langue de terre. Mais les chiens regimbèrent sur la berge escarpée. Maintes fois, malgré Ruth et Malemute Kid arc-boutés sur le traîneau, ils glissèrent en arrière. Enfin, les efforts de tous portèrent leurs fruits. Les malheureuses bêtes, épuisées par la faim, prodiguèrent leurs dernières forces. Plus haut — encore plus haut — le traîneau se hissa jusqu'au sommet ; cependant, le chien de tête fit un écart sur la droite, qui eut pour effet de dévier la meute et d'écraser les raquettes de Mason. Le résultat fut désastreux. L'homme perdit l'équilibre ; l'un des animaux trébucha dans son harnais ; et le traîneau dégringola la pente en arrière emportant tout sur son passage.

Clac ! le fouet s'abattit sauvagement sur les chiens, s'acharnant sur celui qui était tombé.

« Arrête, Mason ! le supplia Malemute Kid. La pauvre bête ne tient plus sur ses pattes. On va se servir de mon attelage. »

Mason retint son fouet le temps qu'il termine sa phrase puis lâcha de nouveau sa lanière qui vint s'enrouler sur le corps du coupable. Carmen — puisque c'était Carmen — se tapit dans la neige en poussant des plaintes aiguës puis tomba sur le flanc.

Ce fut un moment pénible, un lamentable incident de la piste — un chien qui mourait, deux compagnons en colère. Ruth promenait sur l'un et l'autre un regard inquiet. Malemute Kid se contenait, bien qu'il y eût mille reproches dans ses yeux et, se penchant sur l'animal, il coupa le harnais. Personne ne dit mot. L'attelage fut doublé, l'incident clos ; on reprit la route, la chienne moribonde se traînant à l'arrière. Tant qu'un animal peut encore avancer, on ne l'abat pas, pour lui accorder une dernière chance — qu'il puisse au moins ramper vers le camp, dans l'espoir qu'on ait tué un orignal.

Regrettant déjà sa colère mais trop fier pour le reconnaître, Mason se replaça en tête de la cavalcade, sans se douter du danger qui planait dans l'air. Parmi les troncs serrés, ils se frayaient un chemin au creux de la forêt. À une quinzaine de mètres de la piste se dressait un pin majestueux. Voilà des générations qu'il se tenait là et, depuis des générations, le sort ne l'avait destiné qu'à cet instant — peut-être le même qui marquait Mason.

Celui-ci se baissa pour resserrer la courroie détachée de son mocassin. Les traîneaux s'immobilisèrent et les chiens se couchèrent sur la neige sans une plainte. Un calme étrange régnait autour d'eux ; pas un souffle ne bruissait à travers la forêt figée par le givre ; le froid et le silence des grands espaces avaient gelé le cœur et engourdi les lèvres tremblantes de la nature. Un soupir frissonna dans l'atmosphère — ils le sentirent plus qu'ils ne l'entendirent, signe prémonitoire de mouvement dans le vide immobile. Puis le grand arbre, ployant sous le poids des ans et de la neige, joua son dernier rôle dans le drame de la vie. Mason entendit le craquement menaçant et voulut se redresser mais il n'était pas encore debout qu'il prenait le coup de plein fouet sur les épaules.

Le danger imprévu, la mort fulgurante — que de fois Malemute Kid les avait affrontés ! Les aiguilles de pin frémissaient encore qu'il lançait des ordres et s'activait. La jeune Indienne ne s'était pas évanouie, pas plus qu'elle ne poussait de cris stridents comme l'auraient fait nombre de ses sœurs blanches. Obéissant aux injonctions, elle se jeta de tout son poids sur un levier improvisé afin de soulager son mari qui geignait tandis que Malemute Kid attaquait l'arbre à la hache. L'acier sonnait clair en mordant le tronc gelé, chaque coup s'accompagnait d'une forte respiration, le « han ! han ! » du bûcheron.

Enfin, le Kid put étendre sur la neige cette masse pitoyable qui avait été un homme. Pire que la douleur de son compagnon était l'angoisse muette de la femme, son regard anxieux, où l'espoir le disputait au désespoir. Ils n'échangèrent que peu de paroles. Dans le Grand Nord on apprend très tôt la futilité des mots et l'inestimable valeur des gestes. Par moins cinquante, un homme allongé dans la neige ne peut survivre plus de quelques minutes. Aussi les sangles du traîneau furent-elles coupées, et le blessé, enveloppé de fourrures, étendu sur un lit de branchages. Devant lui ronflait un feu alimenté par le bois qui avait provoqué l'accident. Derrière, l'abritant en partie, ils avaient tendu un auvent improvisé — pièce de toile qui recueillait la chaleur et la réverbérait sur lui —, procédé connu de tous ceux qui avaient étudié la physique à la source.

Ceux qui ont partagé leur couche avec la mort savent repérer l'heure fatale. Mason avait été affreusement broyé. Cela sautait aux yeux. Le bras droit, la jambe et le dos brisés ; les membres inférieurs paralysés depuis les hanches ; sans parler de probables lésions internes. Pour tout signe de vie il n'émettait qu'un gémissement de temps à autre.

Pas d'espoir ; rien à faire. La nuit impitoyable tombait lentement — Ruth s'abandonnait au stoïcisme désespéré de sa race et le visage buriné de Malemute Kid se creusait de nouvelles rides. En fait, c'était Mason qui souffrait le moins car il se retrouvait dans les Great Smoky Mountains de son Tennessee natal, à revivre les scènes de son enfance. Quoi de plus pathétique que de l'entendre délirer dans ce mélodieux dialecte du Sud depuis longtemps oublié, évoquer les baignades dans les trous d'eau, la chasse aux ratons laveurs, les razzias de pastèques ? Pour Ruth, c'était du chinois mais le Kid y était sensible et comprenait — comprenait comme seul peut comprendre qui s'est vu exilé depuis de nombreuses années de toute civilisation.

Au matin, le blessé reprit connaissance et Malemute Kid se pencha vers lui pour saisir ce qu'il murmurait.

« Tu te rappelles quand on a fait sa connaissance sur les bords de la Tanana, il y aura quatre ans à la prochaine fonte des glaces ? À l'époque, je ne m'intéressais guère à elle. C'était juste que je la trouvais jolie et que j'en étais, disons, tout émoustillé. Alors je me suis mis à drôlement penser à elle. Ç'a été une bonne épouse pour moi, toujours là dans les moments difficiles. Et pour ce qui est des affaires, tu sais, elle n'a pas son égale. Tu te rappelles quand elle a franchi les rapides de Moosehorn, pour nous aider, toi et moi, à nous échapper de ce rocher, sous un déluge de balles qui cinglaient l'eau ? — et la fois où il y a eu la famine à Nuklukyeto ? — ou quand elle courait plus vite que la débâcle pour nous apporter les nouvelles ? Oui, ç'a été une bonne épouse pour moi, bien meilleure que l'autre. Tu ne savais pas que j'y étais déjà passé ? Je ne te l'avais jamais dit, hein ? Voilà, ça m'est arrivé aux États-Unis. C'est pour ça que je suis là. On avait été élevés ensemble. Je suis parti pour qu'elle obtienne le divorce. Et ça a marché.

« Mais ça n'a rien à voir avec Ruth. Je voulais régler mes affaires et partir vers le monde Extérieur l'année prochaine — elle et moi — mais c'est trop tard. Ne la renvoie pas dans sa tribu, Kid. C'est trop dur pour une femme de retourner là-bas. Rends-toi compte ! — voilà près de quatre ans qu'elle mange comme nous du lard, des haricots, de la farine, des fruits secs, alors revenir à son poisson et à son caribou ! Ce n'est pas bon pour elle d'avoir vécu chez nous, tout ça pour s'apercevoir qu'on y est mieux que chez elle et devoir recommencer comme avant... Occupe-toi d'elle, Kid... au fait, et si tu... mais non, tu as toujours eu peur d'elles… et tu ne m'as jamais dit pourquoi tu étais venu dans ce pays. Sois gentil avec elle, et renvoie-la aux États-Unis dès que tu pourras. Mais arrange-toi pour qu'elle puisse revenir… si par hasard elle avait le mal du pays, tu vois.

« Et le petit… ça nous a rapprochés, Kid. Tout ce que j'espère c'est que c'est un garçon. Tu te rends compte, la chair de ma chair !… Faut pas qu'il reste dans ce pays. Et si c'est une fille, encore moins. Vends mes fourrures, ça ira chercher au moins dans les cinq mille. J'en ai encore autant à la Compagnie. Occupe-toi de mes intérêts en même temps que des tiens. Je crois qu'il y aura quelque chose à tirer de cette concession. Veille à ce qu'il reçoive une bonne éducation et, Kid, surtout, ne le laisse pas revenir ici. Ce pays n'est pas fait pour les Blancs.

« Je suis fichu, Kid. Encore trois ou quatre journées, au maximum… Vous devez continuer. Il le faut ! N'oublie pas qu'il s'agit de ma femme et de mon fils… Bon Dieu, j'espère que c'est un garçon ! Vous ne pouvez pas rester ici, près de moi… je vais mourir, et j'exige que tu poursuives ta route.

— Donne-moi trois jours, l'implora Malemute Kid. Ton état peut s'améliorer, il peut se passer quelque chose.

— Non.

— Rien que trois jours.

— Tu dois continuer.

— Deux jours.

— C'est à cause de ma femme et de mon fils, Kid. Tu ne demanderais jamais ça pour toi.

— Un jour.

— Non, non ! J'exige…

— Rien qu'un jour. On peut rationner les vivres, et puis je tuerai peut-être un orignal.

— Non… bon, d'accord, un jour, mais pas une minute de plus. Et, Kid, ne me laisse… ne me laisse pas affronter ça tout seul. Rien qu'un coup de fusil, tu n'as qu'à appuyer sur la détente. Tu comprends. Réfléchis bien ! Réfléchis ! La chair de ma chair, et dire que je ne serai plus là pour le voir !

« Envoie-moi Ruth. Je veux lui dire adieu, qu'elle pense à notre fils et n'attende pas que je sois mort. Sinon, elle pourrait refuser de partir avec toi. Adieu, mon vieux ; adieu.

« Kid ! Attends… Creuse un trou au-dessus du chiot, près de l'éboulis. J'y ai ramassé quarante cents d'or avec ma pelle.

« Et, Kid !… » Ce dernier se pencha pour recueillir les dernières paroles du mourant, tout orgueil bu. « Je m'en veux… pour… tu sais… Carmen. »

Laissant la jeune femme pleurer son époux en silence, Malemute Kid enfila sa parka, ses raquettes, cala sa carabine sous le bras et s'éclipsa dans la forêt. Ce n'était pas un novice, les dures épreuves du Grand Nord, il connaissait, mais jamais il ne s'était trouvé confronté à une question aussi ardue. Dans l'absolu, il s'agissait d'un problème purement mathématique — trois vies probables contre une finie. Pourtant, il hésitait. Cinq années durant, côte à côte, sur les fleuves et sur les pistes, dans les camps et dans les mines, bravant la mort sur le terrain, les inondations, la famine, ils avaient tissé les liens de leur camaraderie. Des liens si forts qu'il en avait perçu quelque chose comme de la jalousie de la part de Ruth, dès l'instant où elle s'était immiscée entre eux. Il lui revenait aujourd'hui de briser ces liens de sa main.

Il eut beau prier pour trouver un orignal, rien qu'un orignal, toute espèce de gibier semblait avoir déserté la région et, à la nuit tombée, il rentra épuisé au camp, les mains vides, le cœur lourd. Un tumulte d'aboiements parfois dominés par les cris de Ruth lui fit presser le pas.

En surgissant dans le camp, il vit la jeune femme au milieu de la meute grondante se défendre à coups de hache. Les chiens avaient enfreint la règle inexorable imposée par leurs maîtres en se ruant sur les provisions. Il empoigna sa carabine par le canon et se jeta dans la bagarre ; et l'éternel jeu de la sélection naturelle reprit dans toute la brutalité de ce milieu primitif. Carabine et hache se dressaient et retombaient, frappant dans le tas ou manquant leur coup avec une monotone régularité ; des corps agiles bondissaient, les yeux fous, la gueule écumante ; l'homme et la bête se livraient un combat sans merci. À la fin, les chiens vaincus retournèrent la queue basse près du feu, léchant leurs plaies, hurlant leur plainte aux étoiles.

Toute la provision de saumon séché avait été dévorée, et il ne restait guère que cinq livres de farine pour tenir au cours des quelque trois cent vingt kilomètres de pistes sauvages à venir. Ruth retourna auprès de son époux tandis que Malemute Kid dépeçait le corps tiède d'un des chiens au crâne fracassé par la hache. Chaque morceau en fut soigneusement conservé, à part la peau et les abats qui furent jetés à ses congénères de naguère.

Le matin apporta de nouvelles difficultés. Les animaux s'en prenaient les uns aux autres. Carmen, qui s'accrochait à un reste de vie, fut achevée par la meute. Le fouet s'abattit en vain sur eux. Ils reculaient, couinaient sous les coups mais refusèrent de se disperser tant qu'il leur resta un misérable morceau à dévorer — les os, la peau, les poils, tout disparut.

Malemute Kid reprit son travail tout en écoutant Mason qui se croyait revenu au Tennessee et adressait d'incohérents conseils et de folles exhortations à ses petits camarades d'autrefois.

Profitant de la proximité des pins, il travaillait rapidement et Ruth le regardait fabriquer une cache semblable à celles qu'utilisaient parfois les chasseurs pour protéger leur gibier des carcajous, ces blaireaux gloutons, et des chiens. L'une vers l'autre, il courba les têtes de deux jeunes pins presque jusqu'au sol puis les attacha à l'aide de deux lanières de peau d'orignal. Ensuite, il battit les chiens pour les soumettre et les atteler à deux des traîneaux où il entassa tout le chargement, à part les fourrures qui enveloppaient Mason. Il ferma celles-ci autour du corps de son ami par des courroies qu'il relia aux extrémités des deux pins courbés. D'un seul coup de son couteau de chasse, il libérerait ensuite les arbres afin de catapulter le cadavre haut dans l'espace.

Ruth, qui avait reçu les dernières volontés de son époux, n'émit aucune protestation. La pauvre fille avait bien appris à obéir. Depuis sa plus tendre enfance, elle s'était inclinée, comme elle avait vu toutes les femmes s'incliner, devant les seigneurs et maîtres de la création, et il ne paraissait pas dans la nature des choses qu'une femme pût jamais leur résister. Le Kid ne la laissa qu'une fois exprimer son chagrin, quand elle embrassa son mari — coutume inconnue de son peuple —, puis la conduisit jusqu'au traîneau de tête pour l'aider à chausser ses raquettes. Passivement, instinctivement, elle prit la barre et le fouet puis lança l'ordre de marche à ses chiens. Cependant, Malemute Kid revenait vers Mason tombé dans le coma ; longtemps après qu'elle eut disparu, il s'accroupit auprès du feu, dans l'attente, dans l'espoir de cette mort qu'il appelait de ses prières.

Il n'y a rien d'agréable à se retrouver seul, en proie à de tristes pensées au cœur du Silence Blanc. Le calme des ténèbres est miséricordieux, il vous ensevelit comme pour vous protéger en vous soufflant mille bienfaits intangibles ; tandis que le Silence Blanc, éclatant, clair et froid sous un ciel d'acier, est impitoyable.

Une heure passa — puis deux — et le moribond refusait toujours de mourir. À midi, le soleil, sans révéler son limbe au-dessus de l'horizon sud, parut vouloir lancer vers le ciel un rai de feu qui eut tôt fait de disparaître. Malemute Kid sortit de sa torpeur et se traîna au chevet de son compagnon. Il jeta un coup d'œil autour de lui. Le Silence Blanc semblait ricaner, alors une peur intense s'empara de lui. Une sèche détonation retentit ; Mason fut emporté dans son sépulcre aérien et Malemute Kid fouetta les chiens dans une course sauvage pour fuir à travers la neige.

Une odyssée
du Grand Nord
(Unga)

I

Les traîneaux chantaient leur éternelle lamentation au craquement des harnais et aux tintements des clochettes des chiens de tête ; mais hommes et bêtes étaient trop fatigués pour émettre aucun son. La piste disparaissait sous une épaisse couche de neige récemment tombée et ils arrivaient de loin ; chargés de viande d'orignal gelée plus dure que de la pierre, les coureurs s'accrochaient à la surface gelée, avec une obstination quasi humaine. Le crépuscule descendait mais il n'y aurait pas de camp à dresser cette nuit-là. La neige tombait doucement dans l'air immobile, non pas en flocons mais en minuscules cristaux délicatement ciselés. Il faisait très doux — à peine moins vingt — et les hommes s'en accommodaient. Meyers et Bettles avaient remonté les oreillettes de leurs toques et Malemute Kid avait même ôté ses moufles.

Les chiens avaient eu un coup de fatigue au début de l'après-midi mais commençaient à montrer une ardeur nouvelle. Une certaine agitation s'élevait parmi les plus intelligents — piaffant devant la lenteur de la piste, pressant le mouvement, la truffe en alerte, les oreilles dressées. Énervés par leurs frères plus placides, ils les bousculaient à coups de dents sournois dans l'arrière-train. Ceux qui étaient ainsi réprimandés attrapèrent la contagion et la répandirent à tout l'attelage. Finalement, le chien de tête du premier traîneau émit un long grognement de satisfaction et, se tassant davantage dans la neige, donna un fort coup de collier. Les autres suivirent. Les courroies se tendirent, la piste se resserra ; les traîneaux bondirent en avant et les hommes agrippèrent leurs perches de conduite, relevant vivement les pieds pour ne pas tomber sous les pattes des coureurs. Envolée la fatigue de la journée, ils poussèrent des cris d'encouragement à l'adresse des chiens. Ceux-ci répondirent avec de joyeux aboiements. Malgré l'obscurité grandissante, on allait bon train.

« Hue ! Hue ! » criait chaque conducteur à son tour. Leurs traîneaux quittèrent abruptement la piste principale pour se pencher sur un seul patin tels des lougres dans le vent.

Enfin arriva la ruée d'une centaine de mètres vers la lueur dispensée par une fenêtre en papier huilé, signalant la cabane hospitalière, la chaleur d'un poêle du Yukon et des bolées de thé bouillant. Mais la cabane était occupée. Soixante huskies poussèrent en chœur des hurlements de défi et leurs silhouettes se précipitèrent vers les chiens qui tiraient le premier traîneau. La porte s'ouvrit sur un homme en tunique rouge de la police du Nord-Ouest, qui plongea jusqu'aux genoux parmi les bêtes furieuses, distribuant avec calme et impartialité des corrections à coups de manche de fouet. Après quoi, les hommes se serrèrent la main ; et c'est ainsi que Malemute Kid fut accueilli au seuil de sa propre cabane par un inconnu.

Stanley Prince, qui aurait dû l'accueillir, avait allumé le poêle du Yukon et préparait le thé déjà mentionné, pour s'occuper de ses hôtes. Ils étaient une bonne douzaine, toutes sortes de gens au service de la reine pour le maintien de l'ordre et l'acheminement du courrier. De races différentes, ils finissaient par se ressembler, façonnés par leur vie en commun — secs et nerveux, les muscles tendus par la piste, visages hâlés par le soleil, âmes sereines éclairant un regard ferme et assuré. Ils conduisaient les chiens de la reine, inspiraient la crainte à ses ennemis, recevaient en échange une nourriture frugale et s'en trouvaient heureux. Ils connaissaient la vie, accomplissaient des exploits, se conduisaient en héros ; mais ne le savaient pas.

Et ils se sentaient très bien dans cette cabane. Deux d'entre eux s'étaient étendus sur la couchette de Malemute Kid, chantant des chansons que leurs ancêtres français chantaient déjà au temps où ils avaient pénétré sur le territoire du Nord-Ouest et s'étaient unis à des femmes indiennes. La couchette de Bettles avait eu droit au même traitement, occupée par quatre robustes voyageurs, les pieds entrés sous ses couvertures pour écouter le récit de l'un d'eux qui avait servi dans les brigades navales de Wolseley, du temps où celui-ci avait entrepris son expédition vers Khartoum. Quand le conteur fut à court, un cow-boy entreprit de décrire les palais, les rois, les beaux messieurs et les belles dames qu'il avait vus lors de la tournée de Buffalo Bill à travers les capitales de l'Europe. Dans un coin, deux métis, anciens compagnons d'une guerre perdue, réparaient les harnais en évoquant les jours où le Nord-Ouest s'était insurgé et où Louis Reil était roi.

Entre plaisanteries douteuses et blagues salaces, les aventures les plus périlleuses sur piste et sur rivière étaient évoquées comme des péripéties sans importance, tout juste dignes d'être racontées pour leurs côtés grotesques ou ridicules. Prince n'était plus maître chez lui, accaparé par ces héros sans couronne témoins d'événements historiques, qui tenaient la grandeur et le romantique pour des incidents ordinaires dans le déroulement de la vie. Il leur offrit son précieux tabac avec une prodigue générosité, et les chaînes rouillées du souvenir se lâchèrent, des odyssées oubliées remontèrent à la surface pour son seul bénéfice.

Lorsque la conversation s'apaisa, les voyageurs bourrèrent une dernière pipe, délacèrent les courroies qui maintenaient serrées leurs couvertures de fourrure, et Prince se tourna vers son camarade pour obtenir quelques explications supplémentaires.

« Tu sais qui est ce jeune cow-boy, répondit Malemute Kid en délaçant ses mocassins, et il n'est pas difficile de repérer l'ascendance britannique chez son voisin de lit. Quant aux autres, ils sont tous nés de coureurs des bois, mêlés à Dieu sait quelles autres races. Les deux, près de la porte, sont incontestablement des métis, ou "bois-brûlés". Le jeunot, avec la culotte de laine — vois ses sourcils et sa mâchoire carrée — prouve qu'un Écossais a partagé le tepee enfumé de sa mère. Et le beau gars, qui a pris sa capote pour traversin, doit être français de sang mêlé — tu l'as entendu parler ; il n'aime pas que les deux Indiens s'approchent trop près de lui. Tu sais, quand les "métis" se sont soulevés à la suite de Reil, les Indiens de pure race n'ont pas bougé ; depuis, ils ne s'aiment pas trop.

— Dis-moi, et cet homme à l'air lugubre près du poêle ? Je jurerais qu'il ne parle pas anglais. Il n'a pas ouvert la bouche de la soirée.

— Tu te trompes. Il connaît assez bien l'anglais. Tu as suivi son regard tandis qu'il écoutait ? Moi oui. Seulement il ne fréquente pas les autres. Quand ils se sont exprimés en patois, là il ne comprenait plus. Je me demande qui c'est. Voyons ça. »

Et Malemute Kid d'ordonner en regardant l'homme bien en face : « Mettez deux morceaux de bois dans le poêle ! »

L'autre s'exécuta aussitôt.

« Il a l'air de savoir ce qu'est la discipline », commenta Prince à voix basse.

Malemute Kid en convint, ôta ses chaussettes et se fraya un chemin au milieu des corps étendus pour rejoindre le poêle. Là, il suspendit ses chaussures humides parmi d'autres, à peu près semblables.

« Quand est-ce que tu comptes arriver à Dawson ? » demanda-t-il d'un ton hésitant.

L'homme prit le temps de l'examiner avant de répondre : « C'est à cent vingt kilomètres à ce qu'on dit. Alors ? Je dirais deux jours. »

Il parlait avec un léger accent mais sans chercher ses mots.

« Tu es déjà venu par ici ?

— Non.

— Et dans le territoire du Nord-Ouest ?

— Oui.

— Tu y es né ?

— Non.

— Alors, où est-ce que tu es né ? Tu n'as rien à voir avec eux. » Malemute Kid désigna de la main les conducteurs de traîneau ainsi que les deux policiers qui s'étaient glissés dans la couchette de Prince. « D'où viens-tu ? Ton visage me dit quelque chose, mais je ne me rappelle pas où j'en ai vu de semblables.

— Je vous connais, moi, répondit l'autre en détournant la conversation.

— Tu m'as déjà vu ?

— Non ; votre camarade, le prêtre, Pastilik, longtemps de ça. Il a demandé si je vous vois, Malemute Kid. M'a donné des vivres. Je ne suis pas resté beaucoup. Il a parlé de moi ?

— Ah ! c'est toi qui as troqué des peaux de loutres contre des chiens ? »

L'homme hocha la tête, débourra sa pipe et fit comprendre que la conversation était terminée en se roulant dans ses fourrures. Kid souffla la lampe à huile et se coula sous les couvertures, auprès de Prince.

« Alors, qui est-ce ?

— Sais pas — m'a envoyé promener, en

quelque sorte, et s'est refermé comme une huître. N'empêche qu'il attise la curiosité. J'ai entendu parler de lui. Toute la côte s'extasiait sur lui il y a huit ans. Il y a du mystère là-dessous. Il venait du Grand Nord, en plein hiver, il a parcouru des milliers de kilomètres, il avait contourné la mer de Béring en cavalant, comme s'il avait le diable aux trousses. Personne n'a jamais su d'où il venait mais ce devait être de loin. Il était en mauvais état quand le missionnaire suédois de la baie de Golovin lui a donné des vivres et lui a indiqué la route à suivre vers le sud. C'est plus tard qu'on l'a su. Ensuite il s'est éloigné de la côte pour se diriger droit vers le détroit de Norton. Il a dû affronter un temps épouvantable, tempêtes de neige, grands vents, pourtant, il s'en est tiré, là où mille hommes seraient morts ; il a manqué la halte de Saint-Michel pour échouer à Pastilik. Il avait perdu tous ses chiens sauf deux et mourait presque de faim.

« Il voulait tellement continuer que le père Roubeau lui a donné des provisions ; mais pas de chiens car lui-même m'attendait pour entreprendre un voyage. Notre M. Ulysse savait bien qu'il ne pouvait partir sans autres animaux et il a erré quelques jours. Il gardait dans son traîneau une charge de magnifiques peaux de loutres, des loutres de mer, tu vois, qui valaient leur pesant d'or. Il y avait aussi, à Pastilik, un vieux Shylock de commerçant russe qui ne savait plus quoi faire de ses chiens. Ils n'ont pas marchandé longtemps, mais lorsque l'Étranger est reparti vers le sud, c'était derrière un attelage tout fringant. Quant à M. Shylock, il avait les peaux de loutres. Je les ai vues, elles étaient magnifiques. On a fait le calcul, chaque chien lui avait rapporté au moins cinq cents dollars pièce. Et on ne peut pas dire que l'Étranger ne connaissait pas la valeur des loutres ; cette espèce d'Indien avait vécu parmi les Blancs, le peu qu'il disait le montrait assez.

« Une fois la mer dégelée, on a su qu'il était passé à l'île de Nunivak pour y faire des provisions. Après, plus aucune trace de lui, c'est la première fois que j'entends de nouveau parler de lui en huit ans. D'où venait-il ? que faisait-il là-bas ? pourquoi en est-il parti ? C'est un Indien, parti Dieu sait où, qui a acquis le sens de la discipline, chose rare chez les Indiens. Encore un mystère du Nord qu'il te revient de résoudre, Prince.

— Merci bien, mais j'ai assez à faire comme ça. »

La respiration de Malemute Kid devenait plus lourde ; mais le jeune ingénieur des mines demeura longtemps les yeux ouverts dans l'épaisse obscurité, attendant que l'insolite excitation qui lui agitait les sangs veuille bien s'apaiser. Quand enfin il s'endormit, son cerveau continua de vagabonder et, pour la circonstance, lui aussi, à travers de blancs espaces inconnus, luttant avec ses chiens sur des pistes sans fin, regardant les hommes vivre, peiner et mourir en hommes.

Le lendemain, avant le lever du jour, les conducteurs de traîneau et les policiers repartirent pour Dawson. Mais les autorités qui veillaient aux intérêts de Sa Majesté et gouvernaient la destinée des personnes subalternes ne laissaient que peu de repos aux messagers ; car une semaine plus tard, ils refirent leur apparition à Stuart River, lourdement chargés de courrier pour Salt Water. Au moins leurs chiens avaient-ils été remplacés ; mais c'étaient des chiens.

Les hommes s'étaient attendus à une sorte de halte pour se reposer ; d'autant que le Klondike était une nouvelle région du Grand Nord et qu'ils croyaient pouvoir y découvrir quelque chose comme cette Cité de l'Or où le métal jaune coulait comme l'eau, où la musique et la danse ne s'arrêtaient jamais dans les saloons. Mais ils séchèrent leurs chaussettes et fumèrent leurs pipes du soir avec le même plaisir qu'au cours de leur première visite bien qu'un ou deux esprits forts aient évoqué la possibilité de déserter, de traverser la région inexplorée des Rocheuses à l'est et, de là, par la vallée du

Mackenzie, regagner leurs anciennes exploitations du Chippewyan. Deux ou trois autres décidèrent de rentrer chez eux par ce même chemin à la fin de leur service, et ils se mirent à établir des plans, à peu près aussi impatients de se lancer dans cette entreprise hasardeuse qu'un citadin de partir passer un jour de repos à la campagne.

L'homme aux peaux de loutres semblait très agité, bien qu'il n'accordât guère d'intérêt à la conversation ; à la fin, il attira Malemute Kid à l'écart pour lui parler un certain temps à voix basse. Prince jetait des coups d'œil curieux dans leur direction et parut encore plus intrigué lorsqu'il les vit enfiler leurs toques et leurs moufles puis sortir. À leur retour, Malemute Kid plaça ses balances à or sur la table, en pesa un peu plus de mille sept cents grammes qu'il versa dans le sac de l'Étranger. Le chef conducteur prit alors part au conciliabule et d'autres transactions furent menées. Le lendemain toute la troupe remonta la rivière, à l'exception de l'homme aux peaux de loutres qui se munit de quelques provisions et repartit vers Dawson.

« Je ne savais pas quoi faire, dit Malemute Kid en réponse à la question de Prince, mais le pauvre diable voulait quitter le service sans doute pour une raison ou pour une autre — au moins très importante pour lui, bien qu'il n'en ait rien dit. Tu vois, c'est un peu comme dans l'armée ; il avait signé pour deux ans et le seul moyen de reprendre sa liberté c'était de la racheter. Il ne pouvait déserter pour ensuite rester ici, or il tenait absolument à demeurer dans ce pays. Il dit avoir pris sa décision en arrivant à Dawson ; mais personne ne le connaissait, il ne possédait pas un sou et j'étais le seul avec qui il ait échangé quelques paroles. Alors il en a parlé au lieutenant-gouverneur et s'est arrangé avec lui pour le cas où il pourrait m'emprunter l'argent — un prêt, tu sais. Il a dit qu'il me rembourserait dans un an et que, si je voulais, il m'indiquerait un filon plein d'or. Il ne l'a jamais vu, mais il sait que ça en regorge.

« Il a parlé… parlé… quand on est sortis, il était au bord des larmes. Il m'a prié et supplié ; il est tombé à genoux dans la neige jusqu'à ce que je le relève. Il palabrait sans fin, comme un fou. Jurait qu'il avait travaillé des années et des années dans ce seul but, qu'il ne supporterait pas une nouvelle déception. Je lui ai demandé quel but, mais il a refusé de me répondre. Il disait qu'ils risquaient de le garder à l'autre bout de la piste et qu'il pourrait ne pas mettre une fois les pieds à Dawson en deux ans, et qu'ensuite ce serait trop tard. Jamais je n'avais vu un homme dans un pareil état. Quand j'ai accepté de lui prêter de l'argent, j'ai encore dû le relever de la neige. Je lui ai dit de considérer ça comme une avance sur ses prochaines prospections. Tu crois qu'il a accepté ? Ça non ! Il jurait qu'il me rembourserait jusqu'au dernier sou, que je deviendrais riche comme Crésus et tout, et tout... Je ne comprends pas ce qui le pousse à jouer son existence contre une avance sur prospections, d'autant qu'on n'aime jamais partager les pépites qu'on a trouvées. Il y a quelque chose là-dessous, Prince ; tiens-le-toi pour dit. On entendra de nouveau parler de lui s'il ne quitte pas le pays...

— Et s'il disparaît ?

— Dans ce cas, ma bonne foi en prendra un coup et j'aurai perdu un kilo sept d'or. »

Le froid était revenu avec les longues nuits et le soleil recommençait à jouer à cache-cache derrière les collines enneigées du Sud sans qu'on entende plus parler du débiteur de Malemute Kid. Jusqu'à ce matin glacial du début de janvier où un traîneau lourdement chargé s'arrêta devant la cabane de Stuart River. C'était l'homme aux peaux de loutres, accompagné d'un être tel que les dieux avaient perdu l'habitude de les façonner. Dès qu'il était question de cran, de chance, de cinq cents dollars de poudre d'or, on mentionnait le nom d'Axel Gunderson, et tous les récits de courage, de force et d'audace autour des feux de camp évoquaient immanquablement sa présence. Et si la conversation venait à languir, il suffisait de prononcer le nom de la femme qui l'accompagnait pour aussitôt dénouer les langues.

Comme nous l'avons dit, alors qu'ils modelaient Axel Gunderson, les dieux avaient retrouvé leur ancienne manière en faisant de lui un homme tel qu'ils existaient lorsque le monde était encore jeune. Du haut de ses deux mètres dix, il dominait tout un chacun dans son pittoresque costume qui en faisait un roi de l'Eldorado. Son torse, son cou, ses membres étaient ceux d'un géant. Pour porter ses cent trente-cinq kilos de muscles et d'os, il devait chausser des raquettes plus longues d'un bon mètre que celles du commun des mortels. Les traits taillés à la serpe, avec d'épais sourcils, une large mâchoire carrée et le regard droit, d'un bleu délavé, son visage dénotait puissance et volonté. Sa chevelure blonde comme les blés, incrustée de givre, tombait tel un rai de lumière au cœur de la nuit jusqu'au milieu de son manteau en peau d'ours. Une certaine tradition de la mer semblait s'accrocher à ses pas quand il arriva de sa démarche chaloupée, marchant devant les chiens sur l'étroite piste ; de la poignée de son fouet, il frappa à la porte de Malemute Kid ainsi qu'un coureur des mers scandinave, en maraude dans le Sud, aurait pu tonner pour demander l'asile à l'entrée d'un château.

Tout en pétrissant la pâte pour le pain, de ses bras féminins qu'il avait dénudés, Prince jetait maints regards à ses trois hôtes — trois hôtes tels qu'il ne devait jamais en entrer sous un même toit. L'Étranger, que Malemute Kid avait surnommé Ulysse, le fascinait toujours ; pourtant, cette fois, son attention était plutôt retenue par Axel Gunderson et l'épouse de celui-ci. Elle supportait moins bien les voyages, car elle s'était habituée aux confortables cabanes depuis que son mari gérait la fortune de filons de minerais gelés, et elle était fatiguée. Elle s'était appuyée contre son large torse, telle une fleur fragile contre un mur, répondant avec indolence aux aimables plaisanteries de Malemute Kid, et remuant étrangement le sang dans les veines de Prince chaque fois qu'elle posait sur lui son profond regard noir. Car Prince était un homme vigoureux qui n'avait vu de femmes depuis des mois. Elle était plus âgée que lui, indienne par ailleurs. Mais elle était différente de toutes les épouses indigènes qu'il connaissait : elle avait voyagé — entre autres dans son pays à lui, à ce qu'il avait cru comprendre ; et elle savait à peu près tout ce que savaient les femmes de sa race à lui et beaucoup plus qu'il n'était dans leur nature d'apprendre. Elle pouvait préparer le poisson séché, faire un lit sur la neige ; cependant, elle les taquina avec moult détails sur certains dîners où étaient servis plusieurs plats et souleva d'étranges dissensions internes à la mention de certaines recettes d'autrefois presque oubliées. L'orignal, l'ours, le petit renard bleu et les amphibiens sauvages des mers septentrionales n'avaient pas de secrets pour elle ; elle connaissait les traditions des bois et des ruisseaux, elle lisait le cours des rivières, les secrets de la forêt, la trace la plus légère, laissée par un homme ou un oiseau sur la neige, lui parlait clairement ; cependant, Prince remarqua une lueur complice dans son regard à la lecture des lois du camp. Celles-ci avaient été établies par Bettles Boit-sans-soif, alors qu'il était encore jeune et vert, et se distinguaient par la rugueuse simplicité de leur humour. Habituellement, Prince prenait la précaution de tourner l'écriteau contre le mur avant de laisser entrer une dame ; mais qui aurait cru que cette indigène… enfin, il était trop tard !

Ainsi, c'était l'épouse d'Axel Gunderson, dont la renommée avait rejoint celle de son mari à travers tout le Grand Nord. À table, Malemute Kid et elle parlèrent comme de vieux amis, et Prince, une fois surmontée sa timidité première, se joignit à eux avec ardeur. Elle tenait brillamment sa place dans cette partie inégale, tandis que son mari, dont l'intelligence était moins vive, se contentait d'applaudir. Il était très fier d'elle ;

ses moindres regards, ses moindres gestes prouvaient la place qu'elle occupait dans sa vie. Pendant ce temps, l'homme aux peaux de loutres mangeait dans son coin, en silence, oublié dans cette joyeuse bagarre ; longtemps avant que les autres aient fini, il quitta la table pour aller retrouver ses chiens. Finalement, trop tôt à leur goût, ses camarades durent enfiler moufles et parkas pour le suivre.

Il n'était pas tombé de neige depuis plusieurs jours, aussi les traîneaux glissaient-ils sur la piste gelée du Yukon aussi facilement que des patins sur la glace. Ulysse conduisait le premier ; Prince et la femme d'Axel Gunderson avaient pris le deuxième ; tandis que Malemute Kid et le géant aux cheveux blonds suivaient dans le troisième.

« Ce n'est qu'une impression, Kid, dit-il, mais je crois que l'affaire est honnête. Il n'est jamais allé là-bas, pourtant l'histoire qu'il raconte m'a l'air valable, il m'a montré une carte dont j'avais entendu parler à Kootenay, il y a plusieurs années. J'aurais aimé t'emmener ; mais c'est un drôle de type, il a juré qu'il plaquerait tout sur-le-champ si quelqu'un nous accompagnait. Toutefois, à mon retour, tu seras le premier informé, tu prendras les concessions voisines de la mienne et tu auras droit à la moitié du site de la ville à venir.

« Non ! non ! insista-t-il quand son voisin voulut l'interrompre. C'est moi qui dirige cette affaire et pour la mener à bien il faut deux têtes. Si tout se passe comme prévu, ce sera un nouveau Cripple Creek ; tu m'entends ?... un nouveau Cripple Creek ! C'est du quartz, pas du gravier aurifère ; en nous y prenant bien, on devrait pouvoir tout récupérer... des millions et des millions. J'ai déjà entendu parler de cet endroit, comme toi. On va construire une ville — des milliers d'ouvriers — de bons canaux — un port et des bateaux — des installations de transport — des barges à faible tirant d'eau pour les exploitations les plus éloignées — installer un chemin de fer, peut-être — des scieries — une centrale électrique — notre banque — notre compagnie — notre coopérative — Tu te rends compte ! mais n'en parle à personne jusqu'à mon retour. »

Les traîneaux firent halte à l'endroit où la piste croisait l'embouchure de la Stuart River. Vers l'est inconnu s'étendait une mer infinie de glace. Les raquettes furent détachées des traîneaux. Axel Gunderson serra les mains de ses hôtes et partit le premier, ses pas immenses s'enfonçant de cinquante centimètres dans la neige poudreuse qu'il tassait pour que les chiens ne s'y vautrent pas. Sa femme prit en charge le troisième traîneau, démontrant une belle habileté à conduire un attelage, à se servir de raquettes. Le silence se peuplait soudain de joyeux adieux ; les bêtes gémissaient ; l'homme aux peaux de loutres fouettait un animal récalcitrant.

Une heure plus tard, le convoi n'évoquait plus qu'une ligne noire crayonnée sur l'immense feuille de papier blanc.

II

Une nuit, quelques semaines plus tard, Malemute Kid et Prince attaquaient des problèmes d'échecs sur la page déchirée d'un vieux magazine. Le Kid venait de rentrer de ses concessions de Bonanza et faisait une pause avant de partir pour une longue chasse à l'orignal. Prince avait passé la majeure partie de l'hiver sur les pistes et la glace et ne rêvait que d'une semaine de repos douillet dans la cabane.

« Avance le cavalier noir ; pousse ton roi. Non, pas comme ça. Voyons le mouvement suivant…

— Pourquoi avancer le pion de deux cases ? Si je le prends au passage en me débarrassant du fou…

— Mais non. Tu te découvres trop et…

— Ton roi est en sécurité. Avance, tu verras. »

C'était très intéressant. On frappa à la porte une deuxième fois avant que Malemute Kid lance : « Entrez ! » Dans l'entrebâillement apparut une chose chancelante. Les yeux écarquillés, Prince bondit sur ses pieds. L'horreur qu'il lut dans ses yeux fit faire volte-face à Malemute Kid ; il en avait vu d'autres, pourtant lui aussi fut surpris. La chose titubait dans leur direction. Prince s'écarta, cherchant à tâtons le clou auquel il avait accroché son Smith & Wesson.

« Mon Dieu ! qu'est-ce que c'est ? murmura-t-il à l'adresse de Malemute Kid.

— Sais pas. On dirait un type à moitié gelé et mort de faim, répondit le Kid en s'écartant de l'autre côté. Attention ! Il est peut-être fou. »

Ce disant, il fermait la porte et se retournait.

L'être sans nom s'approcha de la table. Son regard fut attiré par la lueur de la lampe à huile. Il parut s'en amuser et partit d'un rire affreux. Soudain, l'homme, car c'était un homme, chancela en claquant la main sur son pantalon de peau et entonna une chanson comme en chantent les marins quand ils virent au cabestan et que la mer gronde à leurs oreilles :

Na… vire yankee descend la ri… vière,
En avant, les gars, en avant.
Voulez savoir… où va le capitaine ?
En avant, les gars, en avant.
Jon… athan Jones de Ca… roline… du Sud.
En avant…

Il s'interrompit brusquement, vacilla en grognant comme un loup devant les provisions de viande séchée et, avant que les autres aient pu l'en empêcher, il attaquait à belles dents un morceau de lard cru. Une violente bagarre s'ensuivit avec Malemute Kid ; mais ses forces décuplées par la folie l'abandonnèrent aussi vite qu'elles lui étaient venues et il lâcha son butin. Les deux amis le hissèrent sur un tabouret et il s'étala en travers de la table. Un peu de whisky lui rendit assez de vigueur pour pouvoir tremper une cuillère dans le bocal de sucre que Malemute Kid avait placé devant lui. Un rien écœuré, il accepta de Prince, toujours impressionné, un bol de bouillon léger.

Un sombre délire lui emplissait le regard et disparaissait à chaque bouchée. Il n'avait que la peau sur les os. Le visage creux, émacié, n'avait pour ainsi dire plus rien d'humain. Le gel l'avait attaqué à plusieurs reprises, mordant chaque fois un peu plus des plaies à moitié guéries. Sa tête avait pris une couleur de sang noirâtre, fendue de profondes crevasses ouvertes sur la chair à vif. Ses vêtements sales étaient en loques, et la fourrure, à moitié calcinée sur un côté, laissait entendre qu'il s'était endormi trop près du feu.

Malemute Kid désigna les lambeaux encore découpés en lanières — signe que l'homme avait tenté de s'en nourrir.

« Qui… êtes… vous ? » énonça-t-il d'une voix claire.

L'homme n'eut aucune réaction.

« D'où venez-vous ?

— Na…vire yankee descend la ri…vière, couina la voix chevrotante.

— Pas de doute que ce pauvre diable a descendu la rivière », commenta le Kid. Il le secoua un peu pour obtenir de lui une réponse intelligible.

À ce contact, l'homme frémit en portant la main à son côté, où il paraissait beaucoup souffrir. Lentement il se remit sur ses jambes en s'appuyant à la table.

« Elle… moquée de moi… là… les yeux pleins de haine ; et elle… pas… voulu venir. »

Sa voix mourut et il allait s'effondrer quand Malemute Kid le retint par le poignet en criant : « Qui, qui n'a pas voulu venir ?

— Elle, Unga. Elle a ri et elle… frappé, là, et là. Et après…

— Quoi ?

— Et après…

— Et après, quoi ?

— Et après… il bouge plus dans la neige, longtemps. Il y est… toujours… dans la neige. »

Les deux amis se regardaient sans comprendre.

« Qui est dans la neige ?

— Elle, Unga. Elle me regarde… les yeux pleins de haine, et après…

— Oui, oui !

— Et elle a pris son couteau comme ça… Une fois… deux fois… elle était faible. Je… voyagé si lentement. C'est plein d'or, là-bas. Plein, beaucoup d'or.

— Où est Unga ? » Pour autant que le sût Malemute Kid, elle pouvait être en train de mourir, à deux kilomètres de là. Il secoua l'homme sans ménagement, en répétant à plusieurs reprises :

« Où est Unga ? Qui est Unga ?

— Elle… est… dans… la neige.

— Continuez ! » Le Kid lui serrait cruellement le poignet.

« Moi… aussi… je… devrais… dans… la neige… mais… j'ai… dette… à payer. Lourde… dette… à payer… dette… à payer… » Les mots entrecoupés de soupirs cessèrent le temps qu'il fouille dans sa giberne pour en sortir un sac de daim. « Dette… payer… deux… kilos… vingt… d'or… avance… concession… Male… mute… Kid… je… » La tête retomba sur la table ; cette fois, Malemute Kid ne put l'aider à se redresser.

« C'est Ulysse, conclut-il d'une voix calme en poussant le sac. Je parie que c'est fini pour Axel Gunderson et la femme. Viens, il faut le mettre au chaud sous les couvertures. Il est indien ; il s'en sortira et nous racontera son histoire. »

En découpant ses vêtements pour le déshabiller, ils découvrirent près du sein droit deux blessures ouvertes, deux coups de couteau bien nets.

III

« Je vous raconte ce qui est arrivé, à ma manière ; mais vous comprendrez. Je vais commencer par le commencement et vous parler de moi, de la femme et, après ça, de son mari. »

L'homme aux peaux de loutres avait pris place près du poêle. Comme ceux qui ont souffert du froid et craignent de voir s'évanouir à tout moment le don de Prométhée. Malemute Kid redressa la lampe à huile et la disposa de façon à bien voir le visage du narrateur. Prince s'était glissé hors de sa couchette pour se joindre à eux.

« Je suis Naass, chef de tribu et fils de chef, né entre le coucher et le lever du soleil, dans les mers sombres, sur l'oomiak, le bateau de mon père. Toute la nuit, les hommes avaient peiné avec les rames, et les femmes avaient lutté contre les vagues qui se jetaient sur nous et nous avons résisté à la tempête. L'écume salée finit par geler la poitrine de ma mère qui émit son dernier souffle avec le dernier souffle de la marée. Mais moi... moi je criais dans la tourmente et je suis vivant.

« Nous habitions Akatan...

— Où ? demanda Malemute Kid.

— Akatan, une île des Aléoutiennes, au-delà de Chignik, de Kardalak et d'Unimak. Comme je l'ai dit, nous habitions Akatan, au milieu de la mer, aux confins du monde. Nous exploitions la mer salée pour ses poissons, ses phoques et ses loutres ; nos maisons se touchaient presque sur l'étroite bande de rochers, entre la lisière des forêts et le sable jaune où nous tirions nos kayaks. Nous étions peu nombreux et l'univers nous semblait très petit. Il y avait des terres inconnues vers l'est — des îles comme Akatan ; nous pensions que le monde était composé d'îles et nous trouvions cela bien.

« J'étais différent de ceux de ma tribu. Sur la plage reposaient les membrures tordues et la charpente déformée d'un bateau tel que mon peuple n'en avait jamais construit ; et je me souviens qu'à la pointe de l'île, celle qui domine l'océan de trois côtés, se dressait un pin comme il n'en poussait jamais là-bas, épais, droit et haut. On raconte que deux hommes étaient passés à cet endroit, qu'ils avaient tourné des jours durant, fait le guet jusqu'à ce que la lumière disparaisse. Ces deux hommes venaient de la mer, dans ce bateau dont il ne restait que l'épave sur la plage. Ils étaient blancs, comme vous, et faibles comme les enfants lorsque les phoques sont partis et que les chasseurs rentrent les mains vides. Je tiens ces choses des vieux, hommes et femmes, qui les tenaient de leurs pères et mères avant eux. Ces hommes blancs inconnus ne nous considéraient pas avec amitié, au début, mais, grâce au poisson et à l'huile, ils sont devenus forts et féroces. Ils se sont construit chacun une maison, ils ont choisi nos plus belles femmes et ils en ont eu des enfants. C'est ainsi qu'est né celui qui allait devenir le père du père de mon père.

« Comme je vous l'ai dit, j'étais différent de ceux de ma tribu car dans mon sang coule la force de cet homme blanc venu de la mer. On raconte qu'autrefois nos lois n'étaient pas celles d'aujourd'hui ; mais ces hommes étaient vigoureux et agressifs, ils se sont battus avec les nôtres tant qu'il y en eut un pour résister. Alors ils se sont dits nos chefs, ont rejeté nos anciennes lois pour nous en donner de nouvelles selon lesquelles l'homme était le fils de son père et non de sa mère, comme il était de coutume chez nous. Ils ont aussi décrété qu'au fils aîné devait revenir tout ce qui avait appartenu à son père, et que ses frères et ses sœurs devaient se tirer d'affaire seuls. Et ils nous ont donné d'autres lois. Ils nous ont enseigné une nouvelle manière d'attraper les poissons et de chasser les ours si nombreux dans la forêt ; ils nous ont appris à prévoir d'importantes provisions pour les périodes de famine. Et ces choses-là étaient bonnes.

« Mais quand ils sont devenus les chefs, et qu'il n'y a plus eu personne pour affronter leur colère, ces étranges hommes blancs se sont battus entre eux. Et celui dont le sang coule dans mes veines a transpercé le corps de l'autre avec sa lance à phoques. Leurs enfants ont continué de se battre, et les enfants de leurs enfants ; alors une haine féroce monta entre eux et des actions terribles furent perpétrées, même de mon temps, si bien qu'il ne resta dans chaque famille qu'un enfant pour transmettre le sang des ancêtres. Je demeurai le seul de ma lignée ; de l'autre homme blanc, il y avait une fille, Unga, qui vivait avec sa mère. Une nuit, son père et mon père ne rentrèrent pas de la pêche ; ensuite leurs corps furent ramenés sur le sable par les grandes marées, l'un contre l'autre.

« Les gens se posèrent des questions sur cette haine entre nos maisons, et les vieillards secouèrent la tête en disant que la lutte se poursuivrait entre les enfants qu'elle aurait de son côté et moi du mien. J'ai entendu cela dès mon plus jeune âge, et j'ai fini par croire qu'il me fallait considérer Unga comme une adversaire qui allait engendrer une descendance ennemie de la mienne. J'y réfléchissais jour après jour et, lorsque j'ai atteint l'adolescence, j'en suis venu à me demander pourquoi il fallait qu'il en soit ainsi. Et on m'a répondu : "Nous ne savons pas, mais c'est comme ça que nos pères ont agi." Je ne comprenais pas pourquoi les enfants de demain devaient se battre pour des causes du passé, et je ne voyais pas venir de réponse. Mais on me disait qu'il en était ainsi et je n'étais qu'un adolescent.

« Les gens me dirent de me hâter, que ma progéniture devait arriver et grandir avant la sienne. Ce qui semblait facile car j'étais le chef et qu'on m'admirait à cause des actions passées et des lois de mes ancêtres, et aussi pour ma fortune. N'importe quelle jeune fille aurait accepté de m'épouser mais je n'en voyais aucune à mon goût. Et les hommes âgés et les mères me pressaient car déjà les prétendants se bousculaient chez la mère d'Unga ; si ses enfants grandissaient avant les miens, les miens mourraient sûrement.

« Je ne trouvai aucune jeune fille jusqu'à un soir où je rentrais de la pêche. Le soleil se couchait, déjà si bas qu'il me frappait dans les yeux, le vent soufflait et les kayaks volaient sur la crête blanche des vagues. Soudain l'embarcation d'Unga passa devant la mienne, elle me jeta un regard et ses cheveux noirs volèrent tel un nuage de nuit sur ses joues moites d'embruns. Comme je l'ai dit, j'avais le soleil dans les yeux et je n'étais qu'un adolescent ; mais il me sembla tout comprendre et je sus que c'était l'appel du sang. Comme elle filait devant moi, elle jeta de nouveau un regard en arrière, entre deux coups de pagaie — un regard comme seule Unga pouvait en jeter — et, de nouveau, je ressentis l'appel du sang. Les gens se mirent à crier comme nous dépassions les lents oomiaks et les laissions loin derrière nous. Elle maniait habilement la rame et j'avais le cœur gonflé telle une voile boursouflée par le vent, mais je ne pus la rejoindre. Le vent fraîchit, la mer blanchit et, bondissant comme des phoques poussés par le courant, nous filions dans la lumière dorée. »

Ramassé sur lui-même, au bord de son tabouret, Naass avait pris l'attitude du rameur, comme s'il refaisait sa course. Quelque part, au-delà du poêle, il revoyait le kayak bondissant et Unga, la chevelure au vent. La voix de la brise chantait dans ses oreilles et l'embrun salé vivifiait ses narines.

« Elle toucha la plage la première et courut dans le sable en riant jusqu'à la maison de sa mère. Alors une grande idée me vint à l'esprit ce soir-là — une idée digne du chef de la tribu d'Akatan. Quand la lune fut levée, je me dirigeai vers la maison de sa mère, où j'aperçus les richesses de Yash-Noosh entassées devant la porte — les biens de Yash-Noosh, un puissant chasseur qui escomptait devenir le père des enfants d'Unga. D'autres jeunes gens avaient déjà empilé là leurs richesses, avant de les reprendre ; et chacun avait élevé une pile plus grande que la précédente.

« Et je ris à la lune et aux étoiles et rentrai dans ma maison où ma fortune était amassée. Je dus effectuer bien des allers et retours jusqu'au moment où ma pile dépassa des doigts d'une main celle de Yash-Noosh. Il y avait des poissons, séchés et fumés ; quarante peaux de veaux marins, vingt fourrures de phoques, et chaque peau, cousue à la bouche, était remplie d'huile ; et dix peaux d'ours que j'avais tués de mes mains à la lisière de la forêt lorsqu'ils sortaient au printemps. Et aussi des perles et des couvertures, du drap écarlate, que j'avais échangés avec des peuplades de l'Est qui les tenaient eux-mêmes de ceux qui vivaient au-delà de l'Est. Et je regardai la pile de Yash-Noosh et me moquai de lui ; car j'étais le chef d'Akatan et ma richesse était plus grande que celle de tous les jeunes gens de ma tribu, et mes ancêtres avaient accompli des exploits, fait des lois et laissé un nom célèbre dans la mémoire de mon peuple.

« Aussi, quand vint le matin, je me rendis à la plage pour jeter un coup d'œil à la maison de la mère d'Unga. Personne n'avait touché à ma pile. Les femmes souriaient et chuchotaient entre elles. Je ne comprenais pas parce que jamais on n'avait offert un tel prix ; la nuit, j'agrandis encore la pile et ajoutai encore un kayak de peaux bien tannées qui n'avait jamais connu la mer. Le lendemain, il était toujours là et je devenais la risée des autres hommes. La mère d'Unga était avisée, et moi je sentais la fureur me gagner pour la honte qu'elle m'infligeait devant mon peuple. Si bien que, la nuit suivante, j'ajoutai à ma pile pourtant déjà énorme mon oomiak qui avait la valeur de vingt kayaks. Au petit matin, tout avait disparu.

« Aussitôt j'entamai les préparatifs pour le mariage, et les gens qui vivaient plus à l'est vinrent prendre part au repas de la fête et au *potlach.* Unga comptait quatre soleils de plus que moi, puisque chez nous nous comptons les années par le soleil. Je n'étais encore qu'un adolescent ; cependant j'étais chef et fils de chef, et l'âge ne pouvait rien y changer.

« C'est alors qu'on vit les voiles d'un bateau, au loin sur la mer, que le vent poussait vers nous. On pouvait constater qu'il faisait eau, car l'équipage actionnait les pompes avec acharnement. À la proue, se tenait un homme gigantesque qui surveillait la profondeur de l'eau et donnait des ordres d'une voix de tonnerre. Son regard avait la couleur bleue des profondeurs et sa chevelure était aussi longue que la crinière du lion de mer. Des cheveux blonds comme la paille des blés du Sud ou comme le caret de manille que tressent les matelots.

« Depuis plusieurs années c'était le premier bateau qui abordait au rivage d'Akatan, même si nous avions eu l'occasion d'en voir passer plusieurs au large. La noce fut interrompue et les femmes et les enfants coururent à l'abri dans les maisons tandis que les hommes tendaient leurs arcs ou s'alignaient, la lance à la main. Mais quand le navire s'échoua, ces étrangers ne nous prêtèrent aucune attention, trop occupés à leur besogne. À marée basse, ils carénèrent le schooner et réparèrent l'énorme trou qui endommageait la coque. Les femmes revinrent et la fête reprit.

« À la marée montante les hommes halèrent le schooner vers des eaux plus profondes puis se joignirent à nous. Ils apportèrent des cadeaux, se montrèrent amicaux ; alors je leur fis place et, dans ma joie, je leur distribuai à chacun un souvenir, comme à tous les autres invités puisque c'était mon mariage et que j'étais le chef d'Akatan. L'homme à crinière de lion de mer était là, si grand, si fort qu'on s'attendait à voir le sol s'enfoncer sous ses pas. Il regarda Unga, longuement, les bras croisés, et resta jusqu'au coucher du soleil à l'apparition des premières étoiles. Puis il regagna son bateau. Après quoi, je pris Unga par la main et la conduisis dans ma maison. On se mit à chanter et à rire et les femmes lancèrent toutes sortes de plaisanteries ainsi qu'elles le font dans ces occasions-là. Mais nous n'y prêtions pas attention. Enfin, les gens nous laissèrent et rentrèrent chez eux.

« Les derniers brouhahas ne s'étaient pas encore calmés que le chef des voyageurs se présentait à ma porte. Il apportait avec lui des bouteilles noires auxquelles nous avons bu et qui nous ont rendus très gais. Voyez-vous, je n'étais alors qu'un adolescent et je ne connaissais que mon pays du bout du monde. Bientôt le feu courut dans mes veines et mon cœur volait comme l'écume, entre la vague et la falaise. Assise dans un coin, sur des peaux de bêtes, Unga ne disait rien, les yeux agrandis par la crainte. L'homme à crinière de lion la regardait sans cesse. À la fin, ses hommes apportèrent des cadeaux et entassèrent devant moi des richesses comme on n'en avait jamais vu du côté d'Akatan. Il y avait des fusils, des grands et des petits, de la poudre, du plomb, des cartouches, des haches luisantes, des couteaux d'acier, des objets pratiques et des instruments bizarres dont je ne connaissais pas l'usage. Lorsqu'il me fit comprendre par signes que c'était pour moi, je me dis qu'il fallait être un grand homme pour pouvoir se montrer aussi prodigue ; mais il m'indiqua aussi qu'il voulait emmener Unga avec lui sur son bateau. Comprenez-vous ? — qu'elle devait partir, dans son bateau ! Le sang de mes ancêtres s'est soudain enflammé et je voulus transpercer cet homme avec ma lance. Mais l'esprit des bouteilles avait enlevé la force de mon bras et l'étranger me saisit par la nuque pour me cogner le crâne contre le mur. Je me retrouvai faible comme un nouveau-né, mes jambes ne voulaient plus me porter. Unga poussait des cris et s'accrochait à tous les objets de ma maison qui tombaient les uns après les autres tandis qu'il l'entraînait de force vers la porte. Puis il l'emporta dans ses grands bras et, quand elle lui tira ses cheveux blonds, il poussa un éclat de rire qui ressemblait au hurlement d'un phoque en rut.

« Je me traînai vers la plage et appelai mon peuple à la rescousse ; mais tous avaient peur. Seul Yash-Noosh montra qu'il était un homme, alors ils l'assommèrent à coups de rame jusqu'à ce qu'il tombe la face dans le sable et ne bouge plus. Puis ils mirent à la voile en chantant et leur bateau disparut bientôt, poussé par le vent.

« Mon peuple décréta que c'était une bonne chose car il n'y aurait plus de guerre du sang sur Akatan ; moi, je restais muet, attendant la pleine lune ; je mis de l'huile et du poisson dans mon kayak et partis vers l'est. Je découvris ainsi d'innombrables îles, beaucoup de populations différentes ; moi qui avais toujours vécu aux confins de la terre, j'appris que le monde était très vaste. Je m'exprimais par signes mais personne n'avait vu de schooner commandé par un homme à crinière de lion et tous m'indiquaient toujours l'est. Je dormais n'importe où, mangeais des choses bizarres, rencontrais des visages improbables. On se moquait de moi, on me croyait fou ; mais, parfois, les vieillards tournaient mon visage vers la lumière en me bénissant, et les yeux des jeunes femmes s'attendrissaient quand elles m'interrogeaient sur cet étrange bateau, sur Unga et sur ces hommes de la mer.

« C'est ainsi qu'au milieu des tempêtes et de mers démontées, je finis par arriver à Unalaska. Deux schooners y avaient jeté l'ancre, mais il n'y avait pas celui que je cherchais. Alors je continuai vers l'est et le monde devint encore plus grand ; dans l'île d'Unamok, on ne savait rien du bateau, ni dans celle de Kadiak, ni d'Atognak. Un jour je débarquai sur un rocher où des hommes creusaient de grands trous dans la montagne. Il y avait là un schooner, mais pas le mien, et des hommes qui en remplissaient les cales avec la roche qu'ils avaient recueillie. Je trouvai cela puéril, puisque le monde était fait de roche ; mais ils me donnèrent à manger et m'offrirent du travail. Lorsque le bateau fut rempli, le capitaine me remit de l'argent et me dit de partir ; je demandai où il allait et il désigna le sud. Je lui fis comprendre par signes que je voulais partir avec lui ; il commença par éclater de rire puis, comme il manquait de main-d'œuvre, il m'engagea. J'appris ainsi à parler comme eux, à tirer les cordages, à prendre des ris par soudaine bourrasque, à tenir ma place au gouvernail. Je n'étais pas dépaysé, puisque je descendais d'hommes de la mer.

« J'étais sûr de le retrouver sans peine, une fois que j'arriverais parmi son peuple ; mais, le jour où nous avons approché la terre, où nous sommes entrés dans un détroit qui menait à un port, je m'attendais à découvrir des schooners aussi nombreux que les doigts de ma main. Et voilà que les navires s'alignaient le long des quais sur des kilomètres, serrés comme de petits poissons ; quand je passais d'un bord à l'autre pour demander si on n'avait pas vu un homme à crinière de lion de mer, on me riait au nez et on me répondait dans toutes sortes de langues. Et je découvris que ces gens provenaient d'innombrables parties du monde.

« J'entrai dans la ville et je regardai le visage de chaque habitant. Il y en avait toujours plus, comme la morue en bancs serrés sur le rivage, je ne pouvais plus les compter. Tout ce bruit m'étourdissait, j'en avais mal aux oreilles, et j'avais le vertige à cause de tant de mouvement. Je continuai ainsi, à travers des pays qui chantaient sous les chauds rayons du soleil ; dans des plaines qui regorgeaient de récoltes ; dans de grandes villes où les hommes trop gras vivaient comme des femmes, la bouche pleine de mensonges, le cœur noir de l'amour de l'or. Pendant ce temps, mon peuple d'Akatan continuait à chasser, à pêcher, à être heureux, en croyant que le monde était petit.

« Mais le regard d'Unga de retour de la pêche ne quittait pas mon esprit. J'étais sûr de la retrouver le moment venu. Elle marchait par des chemins tranquilles au crépuscule, ou me précédait à la chasse à travers les champs profonds mouillés de rosée, et il y avait dans ses yeux une promesse comme seule Unga pouvait m'en donner.

« J'ai parcouru ainsi des villes par milliers. Certains habitants étaient bons pour moi et me donnaient de la nourriture, d'autres se moquaient de moi, d'autres encore me maudissaient ; moi, je serrais les dents, j'allais par des voies étranges et voyais des scènes étranges. Parfois, moi qui étais chef et fils de chef, je travaillais pour des hommes — des hommes grossiers, durs comme le fer, qui extrayaient l'or avec la sueur et la peine de leurs frères. Mais je n'obtins aucun renseignement sur ma quête, jusqu'à ce que je revienne vers la mer comme un phoque vers sa colonie. J'échouai dans un autre port, dans un autre pays, plus au nord. Là on me raconta de vagues histoires sur un coureur des mers aux cheveux blonds et j'appris qu'il chassait le phoque et qu'il était alors reparti sur l'océan.

« J'embarquai en compagnie des indolents Siwashes[1] et suivis sa route sans trace vers le nord au moment où la chasse battait son plein. Durant les longs mois de notre expédition, nous discutions beaucoup des équipages et j'entendais souvent parler des exploits barbares de celui que je recherchais ; mais jamais je ne le rencontrai. Nous avons poussé au nord jusqu'aux îles Pribilof, où nous avons tué des hordes de phoques sur le rivage et remonté leurs corps tièdes à bord jusqu'à ce que les dalots débordent de graisse et de sang et que plus personne ne tienne sur le pont du bateau. Puis un bateau à vapeur nous prit en chasse et nous décocha quelques coups de feu. Alors il fallut mettre les voiles, si bien que la mer balaya le pont et qu'un épais brouillard nous cacha aux yeux de nos poursuivants.

« À cette époque, comme on fuyait la peur au ventre, on racontait que le coureur aux cheveux

1. Terme générique, dérivé du français « sauvage », par lequel on désigne en jargon chinook l'ensemble des Indiens de la côte pacifique nord. Le mot a une connotation péjorative.

blonds s'était arrêté aux Pribilof, tout près des comptoirs, et que, tandis qu'une partie de ses hommes tenaient les employés en respect, les autres s'emparaient de dix mille peaux fraîches dans le saloir. Je dis qu'on le racontait mais je crois que c'était vrai ; car durant les voyages que j'ai effectués sur la côte sans jamais le rencontrer, les mers septentrionales résonnaient de sa barbarie et de son audace, au point que les trois nations qui possèdent des terres dans ces parages avaient lancé des navires à sa poursuite. On parlait aussi d'Unga. Les capitaines chantaient ses louanges, et elle ne le quittait jamais. Elle avait pris les habitudes de son mari et paraissait heureuse. Mais moi — je savais bien qu'elle soupirait après son peuple et la plage blonde d'Akatan.

« Longtemps après ces événements, je regagnai le port au fond d'un détroit sur la mer, et là, j'appris qu'il avait effectué le tour de l'océan pour se lancer dans la chasse aux phoques à l'est des terres chaudes qui bordent les mers russes. Maintenant que j'étais devenu matelot, je partis avec les hommes de sa race et me lançai à sa suite dans la chasse aux phoques. Il y avait peu de bateaux dans ces régions nouvelles ; nous sommes tombés sur une bande de phoques et l'avons pourchassée vers le nord durant le printemps. Quand les femelles furent pleines et passèrent les frontières des eaux russes, les hommes eurent peur et commencèrent à murmurer. Car il y avait beaucoup de brouillard, et, chaque jour, des marins disparaissaient de leurs navires. Les nôtres ne voulaient plus travailler, alors le capitaine dut rebrousser chemin. Moi je savais que le coureur blond ignorait la peur et pourchasserait la bande de phoques, même jusqu'aux îles russes où peu de marins osent s'aventurer. Au cœur de la nuit, profitant du sommeil du gardien sur le gaillard d'avant, je m'emparai d'un bateau et je partis seul vers la longue terre tiède. Je naviguai vers le sud jusqu'à la baie de Yeddo dont les habitants sont primitifs et hardis. Les filles de Yoshiwara étaient petites, éclatantes comme l'acier et jolies ; mais je ne pouvais pas m'attarder, alors qu'Unga chevauchait la mer démontée vers les colonies de phoques, loin au nord.

« Dans la baie de Yeddo, je rencontrai des hommes de toutes les régions du monde, sans dieu ni patrie, qui naviguaient sous pavillon japonais. Avec eux, je gagnai l'île de Copper, où nous pûmes entasser des peaux de phoques en grand nombre. Dans ces mers silencieuses personne ne croisa notre route jusqu'au moment du départ. Ce jour-là, un grand vent leva le brouillard ; c'est là que je vis fondre sur nous un schooner et, dans son sillage, les cheminées fumantes d'un navire de guerre russe. Nous prîmes la fuite, poussés par le vent, mais le schooner nous gagnait de vitesse ; là où nous plongions de deux mètres, il en parcourait trois. À la poupe je reconnus l'homme à la crinière de lion de mer, agrippé au bastingage, faisant donner de la voile, riant de sa force vitale. Unga aussi était là — je la repérai sur l'instant — mais il la fit descendre aux premiers coups de canon. Comme je l'ai dit, il parcourait trois mètres et nous deux, jusqu'à ce que je voie son gouvernail soulever des gerbes d'écume à chaque bond — je me précipitai en jurant à la barre, tournant le dos aux boulets russes. Car nous comprenions sa manœuvre : il voulait nous distancer afin d'échapper au vaisseau russe qui se rabattait sur nous. Nos mâts furent brisés, nous envoyant à la dérive comme une mouette blessée ; pendant ce temps, il filait à l'horizon — avec Unga.

« Que faire ? Les peaux toutes fraîches parlaient d'elles-mêmes. Alors, on nous conduisit dans un port russe, puis dans une contrée sauvage où l'on nous mit au travail forcé dans les mines de sel. Quelques compagnons moururent et… et d'autres non. »

Laissant tomber la couverture de ses épaules, Naass découvrit sa chair tordue et couturée, tailladée des balafres caractéristiques du knout. Prince se hâta de le recouvrir car ce n'était pas joli à voir.

« Ce fut une période pénible ; parfois, des hommes réussissaient à s'évader vers le sud, mais on les reprenait toujours. Si bien que, la nuit où nous, les survivants de la baie de Yeddo, nous sommes soulevés et avons pris les armes de nos gardiens, c'est vers le nord que nous avons fui. Un pays gigantesque, avec des plaines, des marécages et des forêts immenses. Le froid est venu, la neige est tombée en couches épaisses, aucun de nous ne trouvait plus son chemin. Nous avons erré de longs mois, à travers la forêt interminable — je ne me souviens plus combien car nous manquions de nourriture et plusieurs fois nous sommes restés à terre, pensant mourir. Pourtant, nous avons fini par atteindre les mers froides mais nous n'étions plus que trois. L'un d'entre nous, ancien capitaine, avait commandé un navire depuis Yeddo et il connaissait par cœur le tracé des grandes terres et l'endroit où l'on pouvait passer de l'une à l'autre par la glace. Il nous a guidés — je ne sais combien de temps, ce fut très long — jusqu'au moment où nous nous sommes retrouvés seulement à deux. Nous sommes arrivés dans une région où nous avons rencontré cinq hommes étranges, qui possédaient fourrures et chiens, tandis que nous n'avions rien. Nous nous sommes battus dans la neige jusqu'à ce qu'ils meurent, que le capitaine meure et que les fourrures et les chiens me restent. J'ai traversé la glace qui a fini par se briser et j'ai dérivé jusqu'à ce qu'un coup de vent me ramène sur la côte. Après quoi, ce furent la baie de Golovin, Pastilik et le prêtre. Et puis plein sud, vers les tièdes terres du soleil que j'avais déjà parcourues.

« Mais la mer ne nourrissait plus son homme et ceux qui partaient chasser le phoque le faisaient pour peu de profit et à grand risque. Les équipages se dispersaient et je ne récoltais plus de renseignements auprès des capitaines ni des matelots. Alors je tournai le dos à l'océan toujours en mouvement, pour revenir vers les terres, là où les arbres, les maisons et les montagnes restent à la même place et ne bougent pas. J'ai voyagé loin, j'ai appris beaucoup de choses, même à lire des livres et à écrire. Ce qui tombait bien car je m'avisai qu'Unga devait également savoir ces choses et qu'un jour, le moment venu — nous… vous comprenez, le moment venu…

« Je dérivais comme ces petits poissons qui se laissent porter par le courant sans pouvoir se diriger. Mais je gardais constamment ouverts les yeux et les oreilles et je me mêlais aux hommes qui voyageaient beaucoup car je savais que s'ils avaient rencontré ceux que je recherchais, ils s'en souviendraient. À la fin, un homme est descendu des montagnes, avec des pierres qui contenaient des pépites d'or pur de la grosseur d'un pois, et lui avait entendu parler d'eux, il les avait vus, il les connaissait. Il m'annonça qu'ils étaient riches et vivaient à l'endroit même où ils tiraient l'or de la terre.

« C'était un pays très sauvage, éloigné de tout ; je finis par atteindre le campement, caché entre les montagnes, où les hommes travaillaient nuit et jour, sans jamais voir le soleil. Cependant, le moment n'était pas encore venu. J'écoutais les conversations. Il était parti — ils étaient partis — en Angleterre, disait-on, afin d'y trouver des gens prêts à investir beaucoup d'argent pour fonder des sociétés. J'ai vu la maison où ils habitaient ; on aurait plutôt dit un palais, comme ceux qu'on voit dans les vieux pays. La nuit, je me suis glissé à l'intérieur par une fenêtre afin de vérifier à quel point il la gâtait. Je passai d'une pièce à l'autre, c'était magnifique, ces gens vivaient comme des rois. Tout le monde disait qu'il la traitait comme une reine et beaucoup se demandaient de quelle race elle était ; car un sang étranger coulait dans ses veines et elle était différente des autres femmes d'Akatan, et personne ne se rendait compte de ce qu'elle était. Une reine, oui ! mais moi j'étais un chef, fils de chef, et j'avais payé pour qu'elle m'appartienne, un prix considérable, en peaux, en bateaux et en perles.

« Mais pourquoi toutes ces paroles ? J'étais marin, je connaissais les bateaux et la mer. Je suis parti pour l'Angleterre et pour d'autres pays encore. Parfois j'entendais parler d'eux, parfois je le lisais dans les journaux ; cependant jamais je ne parvins à les rencontrer, car ils avaient beaucoup d'argent et se déplaçaient vite tandis que j'étais pauvre. Un beau jour, pourtant, ils ont eu des ennuis et leur fortune s'est envolée en fumée. À l'époque, les journaux ne parlaient plus que de cela ; et puis plus rien, alors je compris qu'ils étaient retournés dans le pays où l'on tire l'or de la terre.

« Plus personne ne s'intéressait à eux maintenant qu'ils n'avaient plus d'argent ; je recommençai à errer de campement en campement, même très loin dans le Nord, au pays de Kootenay, où je retrouvai leur trace. Ils étaient passés puis repartis, certains disaient par ici, d'autres disaient par là, d'autres encore qu'ils avaient gagné le pays du Yukon. J'allai par ici, j'allai par là, je voyageais de lieu en lieu et je commençais à me lasser de ce monde qui me paraissait si grand. Dans le Kootenay, j'empruntai une mauvaise piste, qui n'en finissait plus, en compagnie d'un "indigène" du Nord-Ouest, qui jugea bon de mourir lorsque la famine frappa. Il était allé au Yukon par une voie inconnue à travers la montagne, et, lorsqu'il a compris que son heure était venue, il m'a confié la carte et le secret d'un lieu où il jurait ses grands dieux qu'il y avait beaucoup d'or.

« C'est à cette époque que tant de gens se ruaient vers le nord. J'étais pauvre ; je me suis loué comme conducteur de chiens. Vous savez la suite. Je les ai retrouvés tous les deux à Dawson. Elle n'a pas reconnu en moi celui qu'elle n'avait vu qu'adolescent et sa vie avait été si remplie qu'elle n'avait pas eu le temps de se souvenir de celui qui avait versé pour elle une fortune inouïe.

« Quoi d'autre ? Vous m'avez racheté du service. Alors, je suis parti régler les choses à ma façon ; j'avais tellement attendu, et maintenant que je tenais mon homme sous la main, je n'étais plus si pressé. Comme je l'ai dit, j'avais mon idée ; je revoyais ma vie, à travers tout ce que j'avais vu et enduré, sans oublier la faim et le froid des forêts interminables autour des mers russes. Comme vous le savez, je les ai conduits dans l'Est — lui et Unga — dans l'Est où tant de gens sont partis, d'où si peu sont revenus. Je les ai conduits au pays où croupissent les ossements et les malédictions de ceux qui sont morts à côté d'un or qu'ils ne peuvent plus posséder.

« Le chemin était long, il fallait tracer la piste. Nous avions trop de chiens et ils dévoraient ; nos traîneaux ne tiendraient pas jusqu'au printemps. Il fallait rentrer avant le dégel. Par-ci, par-là, on déposait un peu de vivres dans des cachettes afin d'alléger notre chargement et en prévision d'éventuelles famines au retour. Au bord du McQuestion, il y avait trois hommes et on a établi une cachette non loin de leur camp, de même devant le Mayo, où une douzaine d'Indiens Pellys qui avaient traversé les montagnes du Sud avaient dressé un campement de chasse. Et puis, plus on s'enfonçait vers l'est, moins on voyait d'hommes ; rien que le fleuve figé, la forêt immobile, le Silence Blanc du Nord. Comme je l'ai dit, le chemin était long, il fallait tracer la piste. Parfois, en une journée, on ne parcourait pas plus de dix ou quinze kilomètres et, le soir, on s'endormait comme des bûches. Pas une fois, ils ne se sont doutés que j'étais Naass, chef d'Akatan et redresseur de torts.

« Nos cachettes étaient de plus en plus petites et, la nuit, je n'avais aucune peine à revenir en arrière sur la piste tout juste tracée, pour les déplacer, de façon qu'on accuse les bêtes sauvages. À certains endroits le lit du fleuve était perturbé par des cascades, le cours de l'eau indisciplinée se faufilait sous la glace et la rendait friable. C'est dans un endroit semblable que mon traîneau s'est enfoncé, avec les chiens ; pour Unga et son époux, il s'agissait juste d'un revers sans conséquence. Il y avait beaucoup de vivres dans le chargement disparu, et les animaux les plus robustes l'emmenaient. Mais cela le fit rire, car il était fort, et il réduisit les rations des chiens, puis il détela les bêtes une à une, pour en nourrir leurs congénères. Il disait qu'on serait plus légers au retour, qu'on irait de cachette en cachette, sans chiens ni traîneaux ; il avait raison, car nos vivres étaient très maigres, et le dernier chien est mort sur la piste le soir de notre arrivée au pays où l'or s'est mêlé aux ossements et aux malédictions des hommes.

« Pour atteindre cet endroit — et la carte ne mentait pas — au cœur des grandes montagnes, nous avons dû tailler des marches dans la glace le long d'une paroi à pic. On aurait dû voir une vallée au loin mais il n'y avait pas de vallée ; la neige couvrait tout pour ne plus laisser apparaître qu'une plaine immense dominée par les hautes montagnes aux cimes piquées dans les étoiles. À mi-chemin sur cette plaine étrange qui aurait dû être une vallée, terre et neige disparaissaient tout droit vers le cœur du monde. Si nous n'avions été marins, nous aurions été pris d'étourdissement ; mais nous restions sur ces bords vertigineux à chercher un moyen de descendre. D'un côté, d'un côté seulement, la muraille s'était effondrée, inclinée comme un hunier d'artimon par grand vent. Je ne sais pas pourquoi cela se faisait, mais c'était ainsi. "C'est la bouche de l'enfer, dit-il. Descendons." Et nous sommes descendus.

« Au fond, il y avait une cabane, bâtie par un homme qui avait dû jeter ses rondins d'en haut.

Elle était très ancienne ; car des gens y étaient morts, dans la solitude, à différentes époques, ainsi qu'on pouvait le lire sur des écorces de bouleau où ils avaient écrit leurs derniers messages et leurs imprécations. L'un était mort du scorbut ; un autre s'était fait voler ses derniers vivres et sa poudre par un compagnon qui avait pris la fuite ; un troisième avait été mutilé par un grizzly ; un quatrième était mort de faim après plusieurs chasses infructueuses — et ainsi de suite ; eux qui n'avaient pas voulu abandonner cet or avaient fini par en mourir d'une façon ou d'une autre. Et tout cet or inutile qu'ils avaient amassé jonchait le sol de la cabane comme un rêve.

« Tandis que l'homme que j'avais amené là gardait la tête froide et les idées claires. "Nous n'avons rien à manger, dit-il, nous allons donc juste évaluer cet or, voir d'où il vient et combien il peut y en avoir. Ensuite, nous partirons vite, avant d'être éblouis et de perdre notre bon sens. Nous pourrons revenir plus tard, avec des provisions plus importantes, nous emparer de tout ça." Alors, on procéda à l'examen du grand filon qui coupait la paroi de l'abîme, comme doit le faire un vrai filon ; on l'a mesuré, déterminé en haut et en bas, puis on a démarqué les limites des concessions, brûlé les arbres pour marquer notre droit de propriété. Ensuite, les genoux tremblants de faiblesse par manque de nourriture, l'estomac retourné, le cœur au bord des lèvres, nous avons grimpé la paroi pour la dernière fois afin de prendre le chemin du retour.

« Au cours de la dernière étape, nous traînions Unga entre nous deux, et nous tombions souvent, mais finalement la cachette fut en vue. Et voilà qu'elle était vide. Tout fonctionna comme prévu, car il accusa les carcajous, éclata en imprécations, contre ces bêtes sauvages et contre ses dieux. Unga était courageuse, elle sourit et plaça la main dans la sienne, et j'ai dû me retourner pour cacher mon trouble. “Nous nous reposerons près du feu jusqu'à demain, dit-elle, et nous referons nos forces en mangeant nos mocassins.” Alors nous avons découpé des lanières minces dans le haut de nos mocassins et les avons fait bouillir la moitié de la nuit, de façon à pouvoir les mâcher et les avaler. Au matin on discuta de la suite du voyage. La cachette suivante était à cinq jours de marche ; impossible d'effectuer ce trajet sans manger. Nous devions à tout prix trouver du gibier.

« “Allons chasser, dit-il.

— D'accord, répondis-je. Allons chasser.”

« Il pria Unga de rester près du feu pour se reposer. Et nous voilà partis, lui en quête d'un orignal, moi vers la cachette que j'avais changée. Mais je ne mangeai pas trop, pour qu'ils ne s'étonnent pas de ma résistance. La nuit, il tomba plusieurs fois en rentrant au camp. De mon côté, je trébuchai moi aussi sur mes raquettes, afin de simuler une grande faiblesse, comme si chaque pas allait être le dernier. Nous avons repris un peu de forces avec nos mocassins.

« C'était un grand homme. Son énergie le soutint jusqu'à la dernière minute ; jamais une plainte, sauf en ce qui concernait Unga. Le deuxième jour je m'attachai à ses pas, car je voulais être présent pour la fin. Plusieurs fois il s'allongea pour se reposer. Au cours de la nuit, il faillit y passer ; mais le matin il se remit sur ses pieds en jurant. Il était comme un homme ivre et je m'attendais constamment à le voir s'effondrer ; cependant il avait la force des forts, l'âme d'un géant et il se contraignit à rester debout au long d'une dure journée. Il réussit à tuer deux ptarmigans mais refusa de les manger. Il ne voulut pas faire de feu ; alors que cela aurait pu lui sauver la vie ; pourtant il ne songeait qu'à Unga et il repartit vers le camp. Il ne marchait plus, il se traînait à quatre pattes dans la neige. Je m'approchai de lui et lus la mort dans son regard. Il aurait encore pu s'en sortir s'il avait mangé les ptarmigans. Il jeta son fusil et prit les oiseaux dans la bouche, comme un chien. Je marchai à côté de lui, debout. Quand il se reposait, il me regardait, étonné de ma résistance. Je le voyais bien, même s'il ne disait plus rien ; lorsque ses lèvres se mirent à remuer, il n'émit aucun son. Vraiment, c'était un grand homme, et mon cœur s'attendrit un peu ; mais je revins sur ma vie, me rappelai le froid et la faim des forêts interminables autour des mers russes. D'autant qu'Unga était à moi, j'avais acquitté pour elle une fortune inouïe en peaux, en bateaux et en perles.

« C'est ainsi que nous avons traversé la forêt blanche, le silence sur nos têtes épais comme une brume de mer. Les fantômes du passé hantaient l'atmosphère tout autour de nous ; je revoyais la plage blonde d'Akatan, la course de kayaks après la pêche, les maisons en bordure de la forêt. Et les hommes qui s'étaient décrétés chefs étaient là, ceux qui avaient édicté nos lois, dont le sang coulait dans mes veines, ce sang que je voulais unir à celui d'Unga. Oui, Yash-Noosh marchait à mes côtés, les cheveux maculés de sable mouillé, tenant à la main cette lance brisée sur laquelle il était tombé. Et je savais que l'heure était venue et je lisais la promesse dans les yeux d'Unga.

« Comme je l'ai dit, nous avons traversé la forêt, jusqu'à ce que l'odeur du camp nous emplisse les narines. Et je me suis penché sur lui, je lui ai arraché les ptarmigans de la bouche. Il est tombé sur le côté, sans plus bouger, le regard étonné, sa main cherchant à atteindre le couteau à son côté. Mais je le lui arrachai et me penchai tout près de lui en souriant. Il ne comprenait toujours pas. Je dus mimer le geste de boire à des bouteilles noires, d'empiler des richesses dans la neige, et tout ce qui s'était passé le soir de mon mariage. Je n'articulai pas un mot mais il comprit. Pourtant, il n'avait pas peur. Un sourire railleur aux lèvres, une colère froide dans le regard, il parut récupérer des forces à cette évocation. Nous ne nous trouvions pas loin mais la neige était profonde et il se traînait très lentement. À un moment, il resta étendu si longtemps que je le retournai pour l'examiner au fond des yeux. Parfois il regardait devant lui, parfois il ne semblait plus voir que la mort. Lorsque je le lâchai, il lutta de nouveau. Et c'est ainsi que nous sommes parvenus au feu. Unga se précipita vers lui. Il remua les lèvres, sans émettre un son ; il me désigna seulement du doigt, pour qu'elle comprenne. Et puis il demeura dans la neige, immobile, très longtemps. Il doit y être encore.

« Je ne prononçai pas un mot tant que je fis cuire les ptarmigans. Ensuite seulement, je lui parlai, dans notre langue, qu'elle n'avait plus entendue depuis des années. Elle se redressa, les yeux écarquillés, me demanda qui j'étais, où j'avais appris ce dialecte.

« “Je suis Naass.

— Toi ? Toi ?” » Elle se rapprocha pour mieux me voir.

« “Oui, moi, Naass, chef d’Akatan, le dernier de notre race, comme toi.”

« Elle a éclaté de rire. Par tout ce que j’ai vu, par tout ce que j’ai fait, puissé-je ne jamais plus entendre un rire pareil ! J’en avais l’âme glacée, au beau milieu du Silence Blanc, seul avec la mort et cette femme qui riait.

« “Allez ! lui dis-je en croyant qu’elle divaguait. Mange un peu et nous partirons. Akatan est loin d’ici.”

« Elle cacha son visage dans la chevelure blonde de son mari et se remit à rire au point que le ciel lui-même semblait s’esclaffer à nos oreilles. Je croyais qu’elle serait folle de joie de me voir, qu’elle n’aurait qu’une hâte, revenir au bon vieux temps. Mais sa réaction prenait un tour étrange.

« “Viens ! criai-je en la prenant par la main. La route est longue, l’obscurité tombe. Il faut nous dépêcher !

— Où ?” demanda-t-elle en s’asseyant. Son étrange hilarité l’avait quittée.

« “Akatan.” Je guettais un éclair de joie sur son visage. Mais elle réagit comme son mari : un sourire railleur aux lèvres, une colère froide.

« “Oui, dit-elle ; on va partir main dans la main pour Akatan, toi et moi. Pour y dormir dans des huttes sales, nous alimenter de poisson et d’huile, et on aura beaucoup d’enfants — des enfants qui feront notre fierté jusqu'à la fin de nos jours. On oubliera le reste du monde et on sera heureux, très heureux. Que rêver de mieux ? Viens ! Il faut nous dépêcher. On repart pour Akatan."

« Elle passa de nouveau la main dans les cheveux blonds de son mari et sourit, d'un sourire mauvais. Il n'y avait pas de promesse dans son regard.

« Je restai sans voix, sans plus comprendre cette femme bizarre. Je repensais à la nuit où il l'avait entraînée loin de moi, elle hurlait et se débattait et lui arrachait les cheveux — ses cheveux avec lesquels elle jouait maintenant et qu'elle ne voulait plus quitter. Je me souvenais du prix versé pour elle, des longues années passées à l'attendre ; je la saisis avec force et voulus l'emmener ainsi que son époux l'avait fait. Elle résista comme le premier soir, se débattit telle une chatte pour ses petits. Ce n'est qu'une fois le feu derrière nous, nous séparant de l'homme, que je la relâchai ; alors elle s'assit et m'écouta. Je lui racontai tout ce qu'elle ignorait encore, tout ce qui s'était passé sur les mers étranges, tout ce que j'avais accompli dans ces pays étranges ; ma quête interminable, les années de famine, la promesse que je m'étais faite depuis le début. Oui, je lui dis tout, y compris ce qui s'était passé avec son mari le jour même, mais aussi aux premiers temps. À mesure que je parlais, je voyais grandir la promesse dans son regard, immense et pleine comme la naissance de l'aube. J'y lisais aussi la pitié, la tendresse de la femme, l'amour, le cœur et l'âme d'Unga. Et j'étais de nouveau un adolescent, car ce regard était le regard d'Unga quand elle courait sur la plage en riant pour rejoindre la maison de sa mère. Oubliées la triste agitation, et la faim et l'attente épuisante. L'heure était venue. Je sentais l'appel de son cœur et il me sembla que je pourrais venir y appuyer ma tête et tout oublier. Elle m'ouvrit les bras et je me précipitai. Alors un éclair de haine brilla dans ses yeux, sa main chercha mon flanc. Et une fois, deux fois elle y enfonça son couteau.

« "Chien ! ricana-t-elle en me jetant dans la neige. Salaud !" Elle se remit à rire jusqu'à ce que le silence éclate, et se retourna vers son mort.

« Comme je l'ai dit, elle m'avait poignardé une fois et encore une autre ; mais elle était affaiblie par la faim, et il était écrit que mon heure n'avait pas encore sonné. Je n'avais qu'une envie, rester là, fermer les yeux pour partir dans le grand sommeil auprès de ceux dont les vies s'étaient mises en travers de la mienne sur des traces inconnues. Seulement j'avais une dette qui ne me permettait pas de me reposer.

« J'avais encore un long chemin à parcourir, par un froid vif, avec une nourriture plutôt rare. Les Pellys n'avaient pas trouvé d'orignal, alors ils avaient vidé ma cachette. De même, les trois hommes blancs ; pourtant, je les ai découverts dans leur cabane, morts de faim. Après, je ne me souviens plus de rien, jusqu'au moment où je suis arrivé ici et où j'ai trouvé de la nourriture et du feu — beaucoup de feu. »

Là-dessus, il se tut et se pelotonna quasi jalousement contre le poêle. Un long moment, les ombres projetées par la lampe jouèrent des tragédies sur le mur.

« Mais Unga ! s'écria Prince encore habité par sa vision.

— Unga ? Elle n'a pas voulu manger le ptarmigan. Elle est restée là, les bras autour du cou de son mari, le visage caché dans ses cheveux blonds. J'ai attisé le feu pour qu'elle ne sente pas le froid ; mais elle s'est réfugiée de l'autre côté. J'y ai dressé un autre feu ; ce qui ne servait pas à grand-chose, parce qu'elle ne voulait pas manger. C'est ainsi qu'ils doivent être encore étendus là-bas dans la neige.

— Et toi ? demanda Malemute Kid.

— Je ne sais pas ; Akatan est petit et je n'ai guère envie de retourner vivre aux confins du monde. À quoi sert de vivre ? Si j'allais voir Constantine, il me mettrait les fers aux pieds et, un jour, ils m'attacheraient la corde au cou et je m'endormirais pour de bon. Pourtant… non, je ne sais pas.

— Enfin, Kid ! protesta Prince. Il s'agit d'un meurtre !

— Chut, répliqua Malemute Kid. Certaines choses dépassent notre sagesse et notre justice. Nous ne saurions dire qui a tort et qui a raison, dans cette histoire, et ce n'est pas à nous de juger. »

Naass se blottit encore plus près du feu. Un lourd silence s'installa tandis que, dans les yeux de chaque homme, passaient et repassaient d'innombrables images.

COLLECTION FOLIO 2€

Dernières parutions

5527. Liu An	*Du monde des hommes. De l'art de vivre parmi ses semblables*
5528. Sénèque	*De la providence* suivi de *Lettres à Lucilius (lettres 71 à 74)*
5529. Saâdi	*Le Jardin des Fruits. Histoires édifiantes et spirituelles*
5530. Tchouang-tseu	*Joie suprême* et autres textes
5531. Jacques De Voragine	*La Légende dorée. Vie et mort de saintes illustres*
5532. Grimm	*Hänsel et Gretel* et autres contes
5589. Saint Augustin	*L'Aventure de l'esprit et autres Confessions*
5590. Anonyme	*Le brahmane et le pot de farine. Contes édifiants du Pañcatantra*
5591. Simone Weil	*Pensées sans ordre concernant l'amour de Dieu* et autres textes
5592. Xun zi	*Traité sur le Ciel* et autres textes
5606. Collectif	*Un oui pour la vie ? Le mariage en littérature*
5607. Éric Fottorino	*Petit éloge du Tour de France*
5608. E. T. A. Hoffmann	*Ignace Denner*
5609. Frédéric Martinez	*Petit éloge des vacances*
5610. Sylvia Plath	*Dimanche chez les Minton* et autres nouvelles
5611. Lucien	*« Sur des aventures que je n'ai pas eues ». Histoire véritable*
5631. Boccace	*Le Décaméron. Première journée*
5632. Isaac Babel	*Une soirée chez l'impératrice* et autres récits
5633. Saul Bellow	*Un futur père* et autres nouvelles
5634. Belinda Cannone	*Petit éloge du désir*
5635. Collectif	*Faites vos jeux ! Les jeux en littérature*

5636. Collectif	*Jouons encore avec les mots. Nouveaux jeux littéraires*
5637. Denis Diderot	*Sur les femmes* et autres textes
5638. Elsa Marpeau	*Petit éloge des brunes*
5639. Edgar Allan Poe	*Le sphinx* et autres contes
5640. Virginia Woolf	*Le quatuor à cordes* et autres nouvelles
5714. Guillaume Apollinaire	*« Mon cher petit Lou ». Lettres à Lou*
5715. Jorge Luis Borges	*Le Sud* et autres fictions
5716. Thérèse d'Avila	*Le Château intérieur. Les trois premières demeures de l'âme*
5717. Chamfort	*Maximes* suivi de *Pensées morales*
5718. Ariane Charton	*Petit éloge de l'héroïsme*
5719. Collectif	*Le goût du zen. Recueil de propos et d'anecdotes*
5720. Collectif	*À vos marques ! Nouvelles sportives*
5721. Olympe De Gouges	*« Femme, réveille-toi ! » Déclaration des droits de la femme et de la citoyenne* et autres écrits
5722. Tristan Garcia	*Le saut de Malmö* et autres nouvelles
5723. Silvina Ocampo	*La musique de la pluie* et autres nouvelles
5758. Anonyme	*Fioretti*
5759. Gandhi	*En guise d'autobiographie*
5760. Leonardo Sciascia	*La tante d'Amérique*
5761. Prosper Mérimée	*La perle de Tolède* et autres nouvelles
5762. Amos Oz	*Chanter* et autres nouvelles
5794. James Joyce	*Un petit nuage* et autres nouvelles
5795. Blaise Cendrars	*L'Amiral*
5796. Collectif	*Pieds nus sur la terre sacrée. Textes rassemblés par T. C. McLuhan*
5797. Ueda Akinari	*La maison dans les roseaux* et autres contes
5798. Alexandre Pouchkine	*Le coup de pistolet et autres récits de feu Ivan Pétrovitch Bielkine*
5818. Mohammed Aïssaoui	*Petit éloge des souvenirs*
5819. Ingrid Astier	*Petit éloge de la nuit*
5820. Denis Grozdanovitch	*Petit éloge du temps comme il va*

5821. Akira Mizubayashi	*Petit éloge de l'errance*
5835. F. Scott Fitzgerald	*Bernice se coiffe à la garçonne* précédé de *Le pirate de la côte*
5836. Baltasar Gracian	*L'Art de vivre avec élégance*
5837. Montesquieu	*Plaisirs et bonheur et autres pensées*
5838. Ihara Saikaku	*Histoire du tonnelier tombé amoureux*
5839. Tang Zhen	*Des moyens de la sagesse* et autres textes
5856. Collectif	*C'est la fête ! La littérature en fêtes*
5896. Collectif	*Transports amoureux. Nouvelles ferroviaires*
5897. Alain Damasio	*So phare away* et autres nouvelles
5898. Marc Dugain	*Les vitamines du soleil*
5899. Louis Charles Fougeret de Monbron	*Margot la ravaudeuse*
5900. Henry James	*Le fantôme locataire* précédé de *Histoire singulière de quelques vieux habits*
5901. François Poullain de La Barre	*De l'égalité des deux sexes*
5902. Junichirô Tanizaki	*Le pied de Fumiko,* précédé de *La complainte de la sirène*
5903. Ferdinand von Schirach	*Le hérisson* et autres nouvelles
5904. Oscar Wilde	*Le millionnaire modèle* et autres contes
5905. Stefan Zweig	*Découverte inopinée d'un vrai métier* suivi de *La vieille dette*

Composition : IGS-CP à L'Isle-d'Espagnac (16)
Achevé d'imprimer par Novoprint
le 27 avril 2015
Dépôt légal : avril 2015

ISBN 978-2-07-046355-8./Imprimé en Espagne.

277301